“十三五”国家重点出版物出版规划项目
公 路 施 工 安 全 教 育 系 列 丛 书

公路施工安全教程

第一册　安全管理

广 东 省 交 通 运 输 厅　组织编写
广东省南粤交通投资建设有限公司
中 铁 隧 道 局 集 团 有 限 公 司　主　编

人民交通出版社股份有限公司
China Communications Press Co.,Ltd.

内 容 提 要

本书是《公路工程安全教育系列丛书》中的一本,是《公路施工安全视频教程》的配套用书。本书主要介绍安全生产法律法规、安全教育培训、安全技术管理、安全生产费用管理、职业健康、工伤保险与意外伤害保险、施工现场消防管理、危险化学品管理、民用爆炸物品管理等方面的要点。

本书可供公路施工技术与管理人员使用,也可作为相关人员安全学习的参考资料。

图书在版编目(CIP)数据

安全管理 / 广东省交通运输厅组织编写 ; 广东省南粤交通投资建设有限公司, 中铁隧道局集团有限公司主编. — 北京 : 人民交通出版社股份有限公司, 2018.12

公路施工安全教程

ISBN 978-7-114-15075-3

Ⅰ. ①安… Ⅱ. ①广… ②广… ③中… Ⅲ. ①道路施工—安全管理—指南 Ⅳ. ①U415.12-62

中国版本图书馆 CIP 数据核字(2018)第 236823 号

Anquan Guanli

书　　名:安全管理
著 作 者:广东省交通运输厅　组织编写
　　　　　广东省南粤交通投资建设有限公司　中铁隧道局集团有限公司
责任编辑:韩亚楠　朱明周
责任校对:刘　芹
责任印制:刘高彤
出版发行:人民交通出版社股份有限公司
地　　址:(100011)北京市朝阳区安定门外外馆斜街 3 号
网　　址:http://www.ccpcl.com.cn
销售电话:(010)59757973
总 经 销:人民交通出版社股份有限公司发行部
经　　销:各地新华书店
印　　刷:北京建宏印刷有限公司
开　　本:787 × 1092　1/16
印　　张:14
字　　数:340 千
版　　次:2018 年 12 月　第 1 版
印　　次:2022 年 7 月　第 4 次印刷
书　　号:ISBN 978-7-114-15075-3
印　　数:4101—5600 册
定　　价:48.00 元
(有印刷、装订质量问题的图书,由本公司负责调换)

《公路施工安全教程　第一册　安全管理》

编写人员

主　编：潘明亮

副主编：陈子建　韩占波　王立军

编　写：覃辉鹏　刘爱新　魏晓滨　符　兵

任伟杰　李　磊　龙会文

健全安全教育体系

筑牢安全发展基石

改革开放40年来特别是党的十八大以来，广东交通运输主动服务国家重大战略，全面贯彻省委省政府决策部署，抢抓机遇，深化改革，加快推进现代化综合交通运输体系建设，交通运输发展的先行作用不断凸显。党的十九大开启了建设交通强国的新征程，为深入贯彻落实习近平总书记亲自谋划、亲自部署、亲自推动的粤港澳大湾区发展战略，我们以推进湾区交通基础设施互联互通为重点，开始了新一轮的综合交通规划布局，交通建设迎来了新的战略机遇期。

“求木之长者，必固其根本；欲流之远者，必浚其泉源”。在当前交通运输基础设施发展、服务水平提高和转型发展的黄金时期，既要深刻认识到高质量发展带来的新机遇，同时，也要看到行业发展面临的风险和挑战，尤其是安全发展任重道远。我们要始终牢固坚守“底线思维”和“红线意识”，始终把人民群众生命安全放在第一位，发展绝不能以牺牲安全为代价。为切实保障交通建设安全生产，我厅秉持安全发展理念，着眼于“以技术保安全，以管理促安全”，凝聚专业力量，合力集中攻关，在系统、全面总结以往安全生产管理经验的基础上，组织编制了《公路施工安全视频教程》及配套用书。《教程》及配套用书分为安全管理、路基路面施工安全技术、桥梁施工安全技术、隧道施工安全技术、工种安全操作五个方面介绍安全生产知识要点，对相关管理人员、专业技术人员和现场作业工人均具有一定学习和参考价值。

《教程》及配套用书的编制和出版，是贯彻落实中央和省关于安全生产重要决策部署的具体行动，是我们响应和贯彻交通运输部要求，提高交通建设“本质安全”、打造“品质工程”、深化“平安交通”的重要举措，也是我省交通基础设施建设快速发展的迫切需要。希望广大交通建设管理和施工、监理人员宣贯好、推广好，在工作中严监管、真落实、见长效，坚持不懈地抓好交通建设安全生产，为交通强国建设做出新的贡献，不断实现交通延伸人民美好生活的愿景！

广东省交通运输厅

2018年12月

前　言

Foreword

保障人民生命财产安全，实现安全生产，关乎民生福祉、经济社会发展大局。交通建设是安全生产的重要领域，全面遵循习近平总书记关于安全生产的一系列重要指示批示精神，牢固树立“红线意识”、“底线思维”，深入践行以人民为中心的发展思想，坚持奉行“生命至上、安全第一”的建设理念,是实现交通建设目标的前提和基石。

为夯实行业安全生产基础，切实提高从业人员的安全意识和安全技能；着力解决当前公路施工安全生产教育培训缺乏系统性和针对性强的培训教材等问题；广东省交通运输厅主动作为，创新实践，在系统总结、全面梳理以往行业安全生产管理经验的基础上，组织专业力量编制了《公路施工安全视频教程》（以下简称“视频教程”）及配套用书。

“视频教程”已由人民交通出版社先行出版发行，分为安全管理、专业安全技术、工种安全操作和事故案例分析等四方面内容，其中专业安全技术又分为路基路面施工、桥梁施工和隧道施工三个部分。以动画和视频为主要表现形式，讲解了公路施工专业技术基础知识、安全风险和防范措施，生动直观，通俗易懂。本次出版的“配套用书”分为安全管理和路基路面、桥梁、隧道施工安全技术以及工种安全操作五个部分，图文并茂，易学易懂易记，与视频教程配套使用。其中工种安全操作以“口袋书”的形式单独细分成册，由《作业人员基本安全知识》《班组日常安全管理》《个人劳动保护及工程临边防护》《施工现场临时用电安全操作手册》《现场急救常识》及架子工、混凝土、隧道工等22个工种安全操作手册组成（共27本分册），全面介绍工人操作与安全生产施工的核心知识和现场安全操作要点，以促进工人综合素质和技能提升，培育交通工匠精神。

“视频教程”和“配套用书”的编制历时两年，由广东省南粤交通投资建设有限公司、中铁隧道局集团有限公司、武汉博晟安全技术股份有限公司等单位的相关技术人员，组成一支近百人的专业团队，收集了50多个高速公路建设项目的工程和视频资料，广泛吸取了各有关单位的意见建议，进行了数十次的修改和完善。编制工作注重理论与实践相结合，力求兼顾管理层、技术层和操作层的相关人员安全教育培训需求，可用于专业技术辅助交底和安全教育培训。在实际使用中应结合工作实际，对其中未涉及的法律和标准规范进行补充和完善。

在编制过程中，编写组参阅借鉴了大量资料，得到了许多领导、专家和同行的关心、指导和帮助，在此一并致以真诚的感谢和敬意！同时，由于我们的知识水平和工作能力所限，难免存在不足、疏漏甚至错误，恳请各位专家、读者将发现的问题和意见建议，及时函告广东省交通运输厅工程质量管理处（地址：广州市白云路27号，邮政编码：510101），或者广东省南粤交通投资建设有限公司安全生产监督管理部（地址：广州市天河区珠江新城珠江东路32号利通广场36楼，邮政编码：510623），帮助我们更好地改进提升。

本书编写组

2018年12月

目　录
Contents

安 全 管 理

第一章 PART 1

安全生产法律法规

第一节　国家安全生产方针与管理机制

安全生产工作应以人为本，坚持“安全第一、预防为主、综合治理”的十二字方针，强化和落实从业单位的主体责任，实行“生产经营单位负责、政府监管、职工参与、行业自律和社会监督”的管理机制。

第二节　安全生产法律法规体系

安全生产法律法规按其立法权限不同，主要分为以下4个层次：

(1)法律：由全国人民代表大会及其常务委员会制定，以国家主席令形式发布，在全国范围内施行，地位和效力仅次于宪法。目前已颁布实施涉及安全生产的法律见表1-1。

安全生产法律　　表1-1

序号	法规类别	名　称	实施时间	备　注
1	法律	中华人民共和国建筑法	1998.3.1	
2		中华人民共和国安全生产法	2002.11.1	2014.12.1新修正
3		中华人民共和国刑法	1997.10.1	2017.11.4第十次修正案
4		中华人民共和国劳动法	1995.1.1	
5		中华人民共和国劳动合同法	2008.1.1	2013.7.1修订
6		中华人民共和国消防法	2009.5.1	
7		中华人民共和国特种设备安全法	2014.1.1	
8		中华人民共和国突发事件应对法	2007.11.1	
9		中华人民共和国职业病防治法	2002.5.1	2017.11.4新修订

(2)行政法规：由国务院依法制定并以总理令形式发布。目前已颁布实施涉及安全生产的行政法规见表1-2。

安全生产行政法规　　表1-2

序号	法规类别	名　称	实施时间	备　注
1	行政法规	建设工程安全生产管理条例	2004.2.1	
2		民用爆炸物品安全管理条例	2006.9.1	
3		特种设备安全监察条例	2003.6.1	
4		生产安全事故报告和调查处理条例	2007.6.1	
5		危险化学品安全管理条例	2002.3.15	2013.12.7修订
6		工伤保险条例	2004.1.1	2011.1.1修订

(3)部门规章：由国务院相关部委制定并以部长令形式发布。目前已颁布实施的涉及公路工程安全生产的部门规章主要有《公路水运工程安全生产监督管理办法》《隧道施工安全九条规定》等。

(4)地方法规和规章:由省、自治区、省直辖市的人民代表大会及其常务委员会和地方人民政府制定并发布。

第三节　公路工程安全生产监督管理

目前,我国形成了"综合监管"与"行业监管"相结合、"国家监管"与"地方监管"相结合、"政府监督"与"其他监督"相结合的新的安全生产监督管理体制。

(1)国务院安全生产委员会为全国建设工程安全生产综合监管最高机构,办公室工作由应急管理部承担。交通运输部负责全国公路工程安全生产的监督管理工作。

(2)县级以上地方安全生产监督管理部门对本行政区域内建设工程安全生产工作实施综合监管;省交通运输厅或市县交通运输局对属地范围内的公路工程安全生产工作实施行业监管。

(3)交通运输主管部门应当建立公路水运工程从业单位和从业人员安全生产违法违规行为信息库,实行安全生产失信黑名单制度,并按规定将有关信用信息及时纳入交通运输和相关统一信用信息共享平台,依法向社会公开。

(4)任何单位和个人、媒体可通过行业主管部门定期发布的公路建设信息、施工现场的公示信息等渠道,对建设中违反法律、法规的行为进行监督、检举和投诉。

第四节　公路工程参建单位主要安全责任

根据《中华人民共和国安全生产法》《建设工程安全生产管理条例》《公路水运工程安全生产监督管理办法》的相关规定,各参建单位的安全生产责任如下:

一、建设单位

(1)建设单位在编制工程招标文件时,应当确定工程项目安全作业环境及安全施工措施所需的安全生产费用。

(2)建设单位在工程施工招标文件中应当按照法律、法规的规定对施工单位的安全生产条件、安全生产信用情况、安全生产的保障措施等提出明确要求。

(3)建设单位不得对咨询、勘察、设计、监理、施工、设备租赁、材料供应、检测等单位提出不符合工程安全生产法律、法规和工程建设强制性标准规定的要求,不得随意压缩合同规定的工期。

二、勘察单位

(1)勘察单位应当按照法律、法规和工程建设强制性标准进行勘察,重视地质环境对安全的影响,提交的勘察文件应当真实、准确,满足工程安全生产的需要。

(2)勘察单位应当对有可能引发工程安全隐患的地质灾害提出防治建议。

三、设计单位

(1)设计单位应当按照法律、法规和工程建设强制性标准进行设计,防止因设计不合理导致安全生产隐患或者生产安全事故的发生。

(2)采用新结构、新材料、新工艺的工程和特殊结构的工程,设计单位应当在设计文件中提出保障施工作业人员安全和预防生产安全事故的措施建议。

四、监理单位

(1)监理单位应当按照法律、法规和工程建设强制性标准进行监理,对工程安全生产承担监理责任。应当编制安全生产监理计划,明确监理人员的岗位职责、监理内容和方法等。

(2)监理单位应当审查施工组织设计中的安全技术措施或者专项施工方案是否符合工程建设强制性标准。

(3)监理单位在实施监理过程中,发现存在安全事故隐患的,应当要求施工单位整改,必要时,可下达施工暂停指令并向建设单位和有关部门报告。

五、施工单位

(1)施工单位应当对安全生产承担主体责任,建立健全安全生产责任制度,制定安全生产规章制度和操作规程。

(2)施工单位应当设置安全生产管理机构或者配备专职安全生产管理人员。施工单位应根据工程施工作业特点、安全风险以及施工组织难度,按照年度施工产值配备专职安全生产管理人员,不足5000万元的至少配备1名,5000万元以上不足2亿元的按每5000万元不少于1名的比例配备,2亿元以上的不少于5名且按专业配备。

(3)在工程投标报价中应当包含安全生产费用并单独计提,一般不得低于投标价的1.5%,且不得作为竞争性报价。

(4)危险性较大的分部分项工程应当编制专项施工方案。超过一定规模的危险性较大的分部分项工程专项施工方案,应经专家论证,论证通过后方可实施。

(5)施工作业点应当设置明显的安全警示标志,按规定设置安全防护设施。施工便道、便桥、临时码头应当满足通行和安全作业要求,施工便桥和临时码头还应当提供临边防护和水上救生等设施。

(6)施工现场的办公、生活区与作业区分开设置,并保持安全距离;办公、生活区的选址应当符合安全性要求。职工的膳食、饮水、休息场所、医疗救助设施等应当符合卫生标准。

(7)建立消防安全责任制度,确定消防安全责任人,制定消防管理制度和操作规程,设置消防通道,配备相应的消防设施和灭火器材。

(8)向作业人员提供必需的安全防护用具和安全防护服装,书面告知危险岗位的操作规程,并确保其熟悉、掌握有关内容和违章操作的危害。

(9)施工中采购、租赁的施工机械、设施、机具以及安全防护用品、用具和配件等,应当具有生产(制造)许可证、产品合格证或者法定检验检测合格证明,并设立专人查验、定期检查和更新,建立相应的资料档案。无查验合格记录的不得投入使用。

(10)对管理人员和作业人员进行每年不少于2次的安全生产教育培训,并记入个人工作档案。

(11)为施工现场的人员办理意外伤害保险并承担费用,实行施工总承包的由总承包单位支付。工伤保险办理相关要求见表1-3。

工伤保险办理相关要求　　表1-3

项　　目	要　　求
被保险人	与施工企业建立合法劳动关系的人员，均为被保险人
保险费支付	施工企业支付，不得向职工摊派或变相摊派
保险金额	≥10万元/每人
有效期限	合同约定的开工时间至竣工时间

（12）总承包单位对施工现场的安全生产负总责。总承包单位依法分包的，分包合同中应当明确各自的安全生产权利、义务。总承包单位对分包工程的安全生产承担连带责任。

（13）针对工程项目特点制订生产安全事故应急预案，定期组织演练。发生生产安全事故，施工单位应当按程序及时报告。

第五节　法律责任

法律责任是指法律关系主体对违反法律规范、不履行法定义务所产生的法律后果应当承担的责任。主要包括：

（1）"一个"责任追究原则：依法从严处罚的原则。《安全生产法》一是规定了事故行政处罚和终身行业禁入；二是加大罚款处罚力度；三是建立了严重违法行为公告和通报制度。

（2）"二种"违法行为：安全生产违法行为分为作为和不作为两种。作为是指责任主体从事了法律禁止的活动而触犯法律的行为；不作为是指责任主体不履行法定义务而触犯法律的行为。

（3）"三种"责任形式：三种承担安全生产违法行为法律责任的形式为行政责任、民事责任和刑事责任。

（4）"四大"责任主体：

①有关人民政府和负有安全生产监督管理职责的部门及其领导人、负责人；

②生产经营单位及其负责人、有关主管人员；

③生产经营单位的从业人员；

④安全生产中介服务机构和安全生产中介服务人员。

（5）"五大"重要安全生产罪名：

①重大责任事故罪。《刑法》规定：在生产、作业中违反有关安全管理的规定，因而发生重大伤亡事故或者造成其他严重后果的，处3年以下有期徒刑或者拘役；情节特别恶劣的，处3年以上7年以下有期徒刑。

②强令违章冒险作业罪。《刑法》规定：强令他人违章冒险作业，因而发生重大伤亡事故或者造成其他严重后果的，处5年以下有期徒刑或者拘役；情节特别恶劣的，处5年以上有期徒刑。

③重大劳动安全事故罪。《刑法》规定：安全生产设施或者安全生产条件不符合国家规定，因而发生重大伤亡事故或者造成其他严重后果的，对直接负责的主管人员和其他直接责任

人员,处3年以下有期徒刑或者拘役;情节特别恶劣的,处3年以上7年以下有期徒刑。

④工程重大安全事故罪。《刑法》规定:建设单位、设计单位、施工单位、工程监理单位违反国家规定,降低工程质量标准,造成重大安全事故的,对直接责任人员,处5年以下有期徒刑或者拘役,并处罚金;后果特别严重的,处5年以上10年以下有期徒刑,并处罚金。

⑤不报、谎报安全事故罪。《刑法》规定:在安全事故发生后,负有报告职责的人员不报或者谎报事故情况,贻误事故抢救,情节严重的,处3年以下有期徒刑或者拘役;情节特别严重的,处3年以上7年以下有期徒刑。

安全管理

第二章 PART 2

安全教育培训

第一节　安全教育培训基本要求

生产经营单位从业人员应当接受安全培训，熟悉有关安全生产规章制度和操作规程，具备必要的安全生产知识，掌握本岗位的安全操作技能，了解事故应急处理措施，知悉自身在安全生产方面的权利和义务。

安全教育培训应坚持“先培训、后上岗，考核不合格不得上岗”的原则。

第二节　安全教育培训对象

生产经营单位应当进行安全培训的从业人员包括施工企业主要负责人、项目负责人、安全生产管理人员、特种作业人员和其他从业人员。

生产经营单位使用被派遣劳动者的，应当将被派遣劳动者纳入本单位从业人员统一管理，对被派遣劳动者进行岗位安全操作规程和安全操作技能的教育和培训。劳务派遣单位应当对被派遣劳动者进行必要的安全生产教育和培训。

生产经营单位接收中等职业学校、高等学校学生实习的，应当对实习学生进行相应的安全生产教育和培训，提供必要的劳动防护用品。学校应当协助生产经营单位对实习学生进行安全生产教育和培训。

第三节　各类人员安全教育培训规定

一、施工企业主要负责人、项目负责人和安全生产管理人员

(1)施工企业主要负责人、项目负责人和安全生产管理人员应当接受安全培训，具备与所从事的生产经营活动相适应的安全生产知识和管理能力。培训学时要求见表2-1，应具备的知识与能力见表2-2。

施工单位安全管理培训学时要求　　表2-1

培训对象	学时要求
法定代表人	≥30学时
生产经营负责人	≥30学时
项目经理	≥30学时
专职安全管理人员	≥40学时
其他管理人员和技术人员	≥20学时
特殊工种	≥20学时
其他工种	≥15学时

应具备的知识与能力　　表 2-2

必备安全生产知识	必备管理能力
国家或行业安全生产工作的基本方针政策	公路工程安全生产组织管理或执行力
安全生产方面的法律法规	建立和执行安全生产管理制度
规章制度和标准规范	发现和消除安全事故隐患
安全生产基本理论和管理方法	报告和处置生产安全事故等
公路工程安全生产技术等	

(2)施工企业主要负责人、项目负责人及安全生产管理人员的教育培训,必须依照安全生产监督管理部门制定的安全培训大纲实施。

(3)施工企业要负责人、项目负责人安全培训应当包括以下内容:

①国家安全生产方针、政策和有关安全生产的法律、法规、规章及标准;

②安全生产管理基本知识、安全生产技术、安全生产专业知识;

③重大危险源管理、重大事故防范、应急管理和救援组织以及事故调查处理的有关规定;

④职业危害及其预防措施;

⑤国内外先进的安全生产管理经验;

⑥典型事故和应急救援案例分析;

⑦其他需要培训的内容。

(4)生产经营单位安全生产管理人员安全培训应当包括以下内容:

①国家安全生产方针、政策和有关安全生产的法律、法规、规章及标准;

②安全生产管理、安全生产技术、职业卫生等知识;

③伤亡事故统计、报告及职业危害的调查处理方法;

④应急管理、应急预案编制以及应急处置的内容和要求;

⑤国内外先进的安全生产管理经验;

⑥典型事故和应急救援案例分析;

⑦其他需要培训的内容。

(5)安全生产三类人员必须通过考核,取得“安全生产考核合格证书”(以下简称“考核证书”),方可参加公路水运工程投标及施工活动。

(6)在考核证书有效期内,安全生产三类人员应当至少参加一次由省级交通运输主管部门组织的、不低于8学时的安全生产继续教育。

(7)施工企业主要负责人、项目负责人每年接受安全培训的时间,不得少于30学时;专职安全管理人员每年还必须接受安全专业技术业务培训,时间不得少于40学时。

二、特种作业人员

特种作业人员应当参加相关主管部门的安全培训,取得特种作业操作资格证书后方可上岗。特种作业人员每年仍需接受有针对性的安全培训,时间不得少于20学时。特种作业人员目录见表2-3。

特种作业人员目录 表2-3

序号	作业项目	工种
1	电工作业	发电、送电、变电、配电工； 电气设备的安装、运行、检修(维修)、试验工、矿山井下电钳工
2	金属焊接切割作业	焊接工、切割工
3	起重机械作业	起重司机、司索工、信号指挥工、安装与维修工
4	企业内机动车辆驾驶	在企业内及码头、货场等生产作业区域和施工现场形式的各类激动车辆的驾驶人员
5	登高架设作业	2m以上登高架设拆除、维修工
6	爆破作业	地面工程爆破、井下爆破工
7	矿山通风作业	主扇机操作工、瓦斯抽放工、通风安全监测工、测风测尘工
8	压力容器作业	压力容器灌装工、检修工、运输押运工、大型空气压缩机操作工
…		

特种作业人员培训大纲，由原国家安全生产监督管理总局制定，经有资格的培训单位进行相应的安全技术理论培训和实际操作培训。

取得特种作业操作证者必须每3年按规定时间进行一次复审。特种作业操作证申请复审或者延期复审前，特种作业人员应当参加必要的安全培训并考试合格。安全培训时间不少于8学时，主要培训法律、法规、标准、事故案例和有关新工艺、新技术、新装备等知识。

三、新进场工人

新进场的工人，必须接受公司、项目、班组的三级安全培训教育，经考核合格后，方能上岗。

(1)公司安全培训教育的主要内容有国家和地方有关安全生产的方针、政策、法规、标准、规范、规程和企业的安全规章制度等。培训教育时间不得少于15学时。

(2)项目安全培训教育的主要内容有工地安全制度、施工现场环境、工程施工特点及可能存在的不安全因素等。培训教育时间不得少于15学时。

(3)班组安全培训教育的主要内容有本工种的安全操作规程、事故案例剖析、劳动纪律和岗位讲评等。培训教育时间不得少于20学时。

四、涉爆人员

(1)初次申请《爆破作业人员许可证》的爆破工程技术人员，应参加不少于240学时的安全技术培训；初次申请《爆破作业人员许可证》的爆破员、安全员和保管员，应参加不少于72学时的安全技术培训。

(2)爆破工程技术人员每年应参加不少于40学时的继续教育培训。爆破员、安全员和保管员每年应参加不少于20学时的继续教育培训。

(3)爆破作业人员首次培训和继续教育培训应由爆破作业单位自行组织或委托专业培训机构、行业协会组织；组织爆破作业人员培训的单位应有固定教学场所和专职工作人员，培训师资由省级公安机关认定，使用统一规范的培训教材，课程设置及学习内容参考爆破作业人员培训考核内容。见表2-4。

爆破作业人员培训考核主要内容　　表 2-4

爆破工程技术人员	爆　破　员	安　全　员	保　管　员
(1)民用爆破物品相关法律、法规、规章和标准； (2)爆破安全技术的现状及发展方向； (3)炸药与爆破基本理论； (4)爆破作业安全管理； (5)爆破器材及爆破施工技术； (6)爆破工程地质； (7)爆破设计与施工； (8)爆破安全评估与安全监理	(1)民用爆破物品相关法律、法规、规章和标准； (2)爆破安全技术； (3)炸药与爆破基本理论； (4)常见民用爆炸物品的品种、性能、使用条件及安全管理要求； (5)装药、堵塞、网路敷设和起爆等爆破工艺及安全技术要求； (6)爆破安全技术和环境保护要求； (7)处理盲炮或其他安全隐患的爆炸程序	(1)民用爆破物品相关法律、法规、规章和标准； (2)爆破安全技术； (3)爆破作业现场安全管理要求； (4)民用爆炸物品领取、发放和清退安全管理规定； (5)爆破作业人员资格要求	(1)民用爆破物品相关法律、法规、规章和标准； (2)爆破安全技术； (3)验收、保管、发放和回收民用爆炸物品的安全管理要求； (4)民用爆炸物品流向等级规定； (5)民用爆炸物品储存安全要求

五、“四新”安全技术教育

施工单位在采用新技术、新工艺、新设备、新材料时，应对作业人员进行相应的安全教育培训。

六、待岗、转岗、换岗的职工

企业待岗、转岗、换岗的职工，在重新上岗前，必须接受一次安全培训，时间不得少于20学时。

七、其他类型安全教育培训要求

(1)施工单位应当对管理人员和作业人员进行每年不少于2次的安全生产教育培训。

(2)施工单位其他管理人员和技术人员每年接受安全培训的时间不得少于20学时。

(3)施工单位其他职工每年接受安全培训的时间不得少于15学时。

培训学时要求见表2-1。

第四节　安全教育培训的实施

一、安全教育培训组织主体及原则

从业人员的安全培训工作由生产经营单位组织实施。应当坚持以考促学、以讲促学，确保全体从业人员熟练掌握岗位安全生产知识和技能。

二、安全教育培训组织形式

安全教育培训当以自主培训为主，也可以委托具备安全培训条件的机构进行。委托其他机构进行安全培训的，保证安全培训的责任仍由本单位负责。

三、安全教育培训计划及资金

生产经营单位应当将安全培训工作纳入本单位年度工作计划。保证本单位安全培训工作所需资金。单位主要负责人负责组织制订并实施本单位安全培训计划。

四、安全教育培训档案管理

生产经营单位应当建立健全从业人员安全生产教育和培训档案，详细、准确记录培训的时间、内容、参加人员以及考核结果等情况。

五、安全教育培训期间员工待遇

生产经营单位安排从业人员进行安全培训期间，应当支付工资和必要的费用。

第五节　安全教育培训效果评估

培训组织单位应当建立培训效果评估机制，通过收集学员对课程设置、教学内容、教学方法、培训经办人工作态度等反映情况，对培训效果进行评估。通过考试、演示、角色扮演等方法对学习效果进行评估。通过观察、调查学员在接受培训后工作行为上发生的良性的、可观察的变化，对行为影响进行评估。评估结果反馈至相关部门，作为下一步培训计划与培训需求分析的依据。

安 全 管 理

第三章 PART 3 安全技术管理

第一节 安全技术管理概述

(1)安全技术管理是指导施工、预防事故、保障施工安全的必要手段和根本途径,与项目综合管理措施、个体防护措施构成安全风险三大类控制措施。

(2)安全技术管理内容如下:

①危险性较大工程管理;

②机械设备管理;

③电气设备管理;

④防火防爆管理;

⑤安全装置、设施管理;

⑥"四新技术"应用专项管理。

(3)施工安全技术管理重点是安全技术措施、安全专项方案、安全技术交底的编制审批、过程监督、检查验收、改进完善。

第二节 安全技术措施

(1)开工前,施工单位应结合工程特点、边界条件等编制施工组织设计,明确安全技术措施。

(2)施工组织设计中安全技术措施主要包括以下内容:

①安全生产管理目标。

②安全生产组织体系、责任体系以及安全生产条件(包括施工企业"三类人员"考核合格证书)。

③安全生产责任制、安全生产规章制度和安全生产操作规程。

④符合有关安全要求的施工场地布置图及说明。

⑤符合国家有关规定的安全防护用具、机械设备、施工机具清单。

⑥施工现场防火措施。

⑦危险性较大工程及施工现场重大风险源清单及监控措施。

⑧项目安全技术控制要点。

⑨生产安全事故应急救援预案。

⑩施工人员安全教育计划、安全技术交底安排。

⑪安全生产专项费用使用计划。

(3)监理单位应对安全技术措施内容是否符合强制性标准要求进行重点审查,审查合格后方可同意工程开工。

第三节 专项施工方案

一、一般规定

(1)危险性较大的分部分项工程(简称危大工程),是指施工过程中存在的可能导致作业人员群死群伤或造成重大不良社会影响的分部分项工程。

(2)危险性较大的分部分项工程专项施工方案,是指在公路水运工程建设中,施工单位在编制施工组织设计的基础上,针对危险性较大的分部分项工程单独编制的质量安全技术措施文件。

(3)根据《建设工程安全生产管理条例》《公路水运工程安全生产监督管理办法》规定,工程项目危险性较大的分部分项工程,应编制专项施工方案,专项施工方案的主要内容如下:

①工程概况:危险性较大的分部分项工程概况、水文地质条件、施工平面布置、施工要求和技术保证条件。

②编制依据:相关法律、法规、规范性文件、标准、规范及图纸(国标图集)、施工组织设计等。

③分部分项工程影响质量、安全的风险源分析及相关预防措施。

④设计计算书和设计施工图等设计文件。

⑤施工准备:包括施工进度计划、材料与设备计划。

⑥施工部署:包括技术参数、工艺流程、施工方法、施工技术要点。

⑦人员计划:专职安全生产管理人员、特种作业人员等资格要求。

⑧施工控制:检查验收、安全评价、预警观测措施。

⑨应急预案及处置措施。

(4)超过一定规模的危险性较大的分部分项工程专项施工方案,应经专家论证通过后方可实施。

(5)专项施工方案实施时,应落实项目负责人轮流带班生产制度。

(6)危险性较大的分部分项工程和超过一定规模危险性较大的分部分项工程见表3-1。

危险性较大的分部分项工程 表3-1

序号	类 别	须编制专项施工方案	须专家论证审查
1	基坑开挖、支护、降水工程	(1)开挖深度不小于3m的基坑(槽); (2)深度小于3m但地质条件和周边环境复杂的基坑(槽)开挖、支护、降水工程	(1)深度不小于5m的基坑(槽)的土(石)方开挖、支护、降水; (2)开挖深度虽小于5m,但地质条件、周围环境和地下管线复杂,或影响毗邻建(构)筑物安全,或存在有毒有害气体分布的基坑(槽)开挖、支护、降水工程
2	滑坡处理和填、挖方路基工程	(1)滑坡处理; (2)边坡高度大于20m的路堤或地面斜坡坡率陡于1:2.5的路堤,或不良地质地段、特殊岩土地段的路堤; (3)土质挖方边坡高度大于20m、岩质挖方边坡高度大于30m或不良地质、特殊岩土地段的挖方边坡	(1)中型及以上滑坡体处理; (2)边坡高度大于20m的路堤或地面斜坡坡率陡于1:2.5的路堤,且处于不良地质、特殊岩土地段、特殊岩土地段的路堤; (3)土质挖方边坡高度大于20m、岩质挖方边坡高度大于30m且处于不良质地、特殊岩土地段的挖方边坡
3	基础工程	(1)桩基础; (2)挡土墙基础; (3)沉井等深水基础	(1)深度不小于15m的人工挖孔桩或开挖深度不超过15m,但地质条件复杂或存在有毒有害气体分布的人工挖孔桩工程; (2)平均高度不小于6m且面积不小于1200m^{2}的砌体挡土墙的基础; (3)水深不小于20m的各类深水基础

续上表

序号	类别	须编制专项施工方案	须专家论证审查
4	大型临时工程	(1)围堰工程; (2)各类工具式模板工程; (3)支架高度不小于5m;跨度小于10m、施工总荷载不小于10kN/m²;集中线荷载不小于15kN/m; (4)搭设高度24m及以上的落地式钢管脚手架工程;附着式整体和分片提升脚手工程悬挑式脚手架工程、吊篮脚手架工程;自制卸料平台、移动操作平台工程;新型及异型脚手架工程; (5)挂篮; (6)便桥、临时码头; (7)水上作业平台	(1)水深不小于10m的围堰工程; (2)高度不小于40m墩柱、高度不小于100m索塔的滑模、爬模、翻模工程; (3)支架高度不小于8m;跨度不小于18m,施工总荷载不小于15kN/m²;集中线荷载不小于不20kN/m; (4)50m及以上落地式钢管脚手架工程。用于钢结构安装等满堂承重支撑体系,承受单点集中荷载7kN以上; (5)猫道、移动模架
5	桥涵工程	(1)桥梁工程中的梁、拱、柱等构件施工; (2)打桩船作业; (3)施工船作业; (4)边通航边施工作业; (5)水下工程中的水下焊接、混凝土浇筑等; (6)顶进工程; (7)上跨或下穿既有公路、铁路、管线施工	(1)长度不小于40m的预制梁的运输与安装,钢箱梁吊装; (2)跨度不小于150m的钢管拱安装施工; (3)高度不小于40m的墩柱、高度不小于100m的索塔等的施工; (4)离岸无掩护条件下的桩基施工; (5)开敞式水域大型预制构件的运输与吊装作业; (6)在三级及以上通航等级的航道上进行的水上水下施工; (7)转体施工
6	隧道工程	(1)不良地质隧道; (2)特殊地质隧道; (3)浅埋、偏压及邻近建筑物等特殊环境条件隧道; (4)Ⅳ级及以上软弱围岩地段的大跨度隧道; (5)小净距隧道; (6)瓦斯隧道	(1)隧道穿越岩溶发育区、高风险断层、沙层、采空区等工程地质或水文地质条件复杂地质环境;Ⅴ级围岩连续长度占总隧道长度10%以上且连续长度超过100m;Ⅵ级围岩的隧道工程; (2)软岩地区的高地应力区、膨胀岩、黄土、冻土等地段; (3)埋深小于1倍跨度的浅埋地段;可能产生坍塌或滑坡的偏压地段;隧道上部存在需要保护的建筑物地段;隧道下穿水库或河沟地段; (4)Ⅳ级及以上软弱围岩地段跨度不小于18m的特大跨度隧道; (5)连拱隧道;中夹岩柱小于1倍隧道开挖跨度的小净距隧道;长度大于100m的偏压棚洞; (6)高瓦斯或瓦斯突出隧道; (7)水下隧道

续上表

序号	类别	须编制专项施工方案	须专家论证审查
7	起重吊装工程	(1)采用非常规起重设备、方法，且单件起吊重量在10kN及以上的起重吊装工程； (2)采用起重机械进行安装的工程； (3)起重机械设备自身的安装、拆卸	(1)采用非常规起重设备、方法，且单件起吊重量在100kN及以上的起重吊装工程； (2)起吊重量在300kN及以上的起重设备安装、拆卸工程
8	拆除、爆破工程	(1)桥梁、隧道拆除工程； (2)爆破工程	(1)大桥及以上桥梁拆除工程； (2)一级及以上公路隧道拆除工程； (3)C级及以上爆破工程、水下爆破工程

二、专项施工方案审批

(1)专项施工方案应经施工单位技术、安全、质量等部门的专业技术人员审核，经审核合格后，由施工单位技术负责人签字。分包单位制订的专项施工方案应由总承包单位技术负责人审核签字。

(2)不须专家论证的专项施工方案，经施工单位审核合格后报监理单位，由项目总监理工程师审核签字后即可实施。

(3)超过一定规模的危险性较大的分部分项工程专项施工方案，应由施工单位组织召开专家论证会。专家组成员应由5名以上符合相关专业要求的专家组成。专家论证的主要内容如下：

①专项施工方案内容是否完整、可行。

②专项施工方案计算书和验算依据是否符合有关标准规范。

③安全施工的基本条件是否满足现场实际情况。

④专项施工方案经论证后，专家组应提交论证报告，对论证的内容提出明确意见，并在论证报告上签字。该报告作为专项施工方案修改完善的指导意见。

(4)施工单位应根据论证报告修改完善专项施工方案，并经项目总监理工程师、建设单位技术负责人签字后，方可实施。

(5)专项施工方案经论证后需要做出重大修改的，施工单位应按照论证报告修改，并重新组织专家进行论证。

(6)施工单位应严格按照专项施工方案组织施工，不得擅自修改、调整专项施工方案。如因设计、结构、外部环境等因素发生变化确需修改的，修改后的专项施工方案应重新履行审核程序。对于超过一定规模的危险性较大的分部分项工程专项施工方案，修改后的专项施工方案应重新组织专家进行论证。专项施工方案的审批流程如图3-1所示。

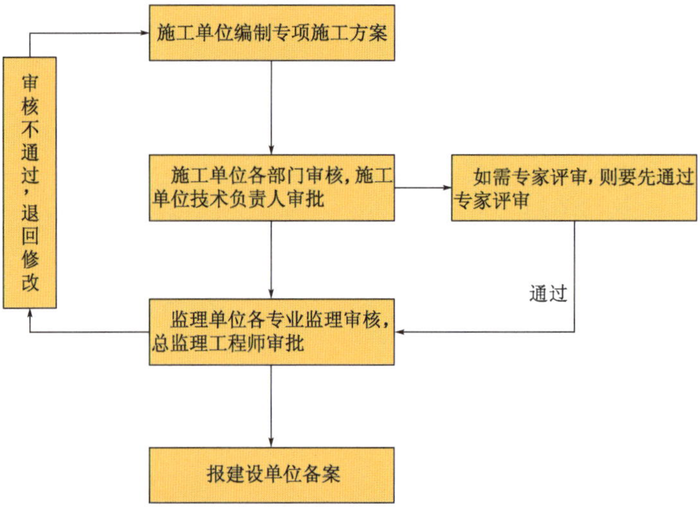

图3-1　专项施工方案的审批流程

三、专项施工方案实施

(1)施工单位方案编制人员或项目技术负责人向现场管理人员和作业人员进行安全技术交底。

(2)施工单位应指定专人对专项施工方案实施情况进行现场监督和按规定进行监测；施工单位技术负责人应定期巡查专项施工方案实施情况。

(3)在检查巡查中发现问题的，应责令整改并且立即采取有效安全防护措施；发现不按照专项施工方案施工的，应要求其立即整改；发现有危及人身安全紧急情况的，应立即组织作业人员撤离危险区域。

发生险情或事故的，施工单位应停止作业，及时启动并实施相应的应急预案，防止事态恶化；险情或事故处理后，应对施工现场进行清理，全面核查安全生产条件，经有关部门同意后，方可恢复施工。

(4)对于按规定需要验收的危险性较大的分部分项工程，施工单位、监理单位应组织有关人员进行验收；验收合格的，经施工单位项目技术负责人及项目总监理工程师签字后，方可进入下一道工序。

(5)监理单位应对专项施工方案实施情况进行监理；对不按规定专项施工方案实施的，应责令整改，施工单位拒不整改的，应及时向建设单位报告；建设单位接到监理单位报告后，应立即责令施工单位停工整改；施工单位仍不停工整改的，建设单位应及时向当地主管部门报告。监理单位应将危险性较大的分部分项工程列入监理计划和监理实施细则，重点编制内容包括：

①相应工程概况。

②相关的强制性标准要求。

③安全监理控制要点、检查方法、频率和措施。

④监理单位人员工作安排及分工。

⑤检查记录表等。

第四节　安全技术交底

一、设计单位交底

(1)工程开工前,设计单位应当向建设单位、施工单位和监理单位进行施工图设计交底。设计单位在交底过程中应突出安全要点。

(2)设计单位应当对涉及施工安全的重要部位和环节,在设计文件中注明,并对防范生产安全事故提出交底意见。

(3)对于采用"四新技术"、特殊工艺、特殊结构的工程项目,设计单位应在设计中提出保障施工作业人员安全和预防安全事故的措施建议。

(4)针对施工过程中由于设计原因造成的不安全因素,及时进行设计方案的修改和完善,满足施工安全作业要求。

二、施工单位交底

1.施工安全技术交底要求

施工安全技术交底由施工单位项目部技术负责人负责实施,实行逐级交底制度。横向涵盖项目部内各职能部门,纵向延伸到班组人员,任何人未经安全技术交底不准作业。安全技术交底应涵盖工程概况、施工方法、施工程序、安全技术措施等内容。

(1)分部分项工程开工前,施工方案(施工专项方案)的编制人员应向项目部管理人员、分包单位或工区负责人进行交底。

(2)危险性较大的分部分项工程施工前,应当由专项施工方案编制人会同施工员,将安全技术措施、施工方法、施工工艺、施工中可能出现的风险因素、安全施工注意事项和紧急避险措施等向参加施工的全体管理人员(包括分包单位现场负责人、安全管理员)、作业人员进行交底。

(3)各工种作业交底采用层级制:主要工序和特殊工序由项目技术负责人对主管施工员进行交底,主管施工员再向施工班组进行技术交底,班组负责人还应对作业人员进行技术交底;一般工序由施工技术员直接向施工班组交底。

2.施工安全技术交底主要内容

(1)施工安全技术交底的主要内容有:

①采用的施工方法、施工机械、实施方案应注意的问题,要求达到的安全、质量、进度以及文明施工目标。

②有关班组的配合与支持,人员的管理办法与措施。

③有关施工机械的性能、进场及运行线路要求,原材料数量要求、质量要求、进场时间等。

④主要劳动力、主要技术工种人员的技能要求、进场时间要求。

⑤施工工艺要求、工艺标准等。

(2)工程总承包单位向专业分包单位进行安全技术交底的主要内容有:

①施工部位、内容和环境条件。

②专业分包单位、施工作业班组应掌握的相关标准规范、安全生产、文明施工规章制度和操作规程。

③资源的配备及安全防护、文明施工技术措施。

④动态监控以及检查、验收的组织、要点、部位及节点等相关要求。

⑤与之衔接、交叉的施工部位、工序的安全防护、文明施工技术措施。

⑥潜在事故应急措施及相关注意事项。

(3)当工程项目出现以下情况时,应重新组织安全技术交底:

①更新仪器、设备和工具,推广新技术、新工艺,使用新材料。

②发生因工伤事故、机械损坏事故及重大未遂事故。

③出现其他不安全因素或安全生产环境发生变化。

(4)安全技术交底要具体、明确、及时,有针对性和可操作性,符合有关安全技术标准和操作规程的规定。

(5)安全技术交底应优先交底采用的新安全技术方法和技术措施。

(6)安全技术交底应按规定程序进行,并履行书面交底签字手续,相关责任人各执一份。

(7)施工单位应加强对安全技术交底工作的监督检查、效果评价和督促整改。

3. 班组交底

(1)施工技术人员应当向施工作业班组负责人和作业人员进行交底。

(2)班(组)长(工区施工负责人)每天应根据当天作业的施工要求、作业环境等,分部分、分工种向工人进行工(班)前安全交底并做好记录,履行签字手续;重点部位的施工安全技术交底宜由施工单位技术人员组织。

(3)专职安全生产管理人员应当参与班组安全技术交底工作,并监督实施;施工单位内设的质量、安全管理部门等应督促施工班组做好班组的交底工作。

(4)新进场工人在上岗操作前,施工单位质量、安全管理部门应联合对其进行本工种的安全技术操作规程的交底;操作内容或作业场地变化时应重新进行安全技术交底。

(5)作业人员应按交底的要求施工,不得擅自变更。

(6)施工班组安全技术交底应重点突出以下内容:

①告知施工过程中的作业危险特点、重大危险源及危害因素。

②针对危险点和重大危险源制订具体的预防措施。

③作业过程中应注意的安全事项。

④特殊工序的操作方法和相应的安全操作规程和标准要求。

⑤发生安全生产事故后应采取的自救方法、紧急避险和紧急救援措施等。

安 全 管 理

第四章 PART 4

安全生产费用管理

第一节　一般规定

安全生产费用是指企业按照规定标准提取在成本中列支，专门用于完善和改进企业或者项目安全生产条件的资金。

安全生产专项费用管理应坚持“规范计取、合理计划、计量支付、确保投入”的原则。

建设单位在编制工程招标文件时，应当明确安全生产专项费用的总金额或比例、预付金额或比例、计量支付方式与时限、具体使用要求、调整方式等条款，安全生产专项费用不足时，应当协商解决。

安全生产费用应专款专用、专户核算，任何单位或个人不得挤占或挪用。

第二节　安全生产费用提取

公路工程安全生产费用应根据国家、地方相关规定或招标控制价所包含的全部建筑安装工程费用为计算基数计取，提取标准不得低于1.5%。其中房建工程不得低于2.0%，且最低不得低于1万元。

建设单位在公路建设工程招标时，应当分别确定各合同段所需的安全生产费用，以总额价形式单列作为固定报价，不作为竞争性报价，并分别包含在招标控制价和投标报价中。

建设单位对工程项目的安全防护、安全施工有特殊要求的，应当在招标文件中予以明确，增加安全生产费用，在安全生产费用项目清单中增列相应项目及费用。

施工单位应根据实际需要投入使用安全生产费用，因重大设计变更原因造成施工单位实际投入安全生产费用总额与合同约定不一致的，差额部分的安全生产费用由建设单位按批复变更金额和规定提取比例同时调整。

第三节　安全生产费用使用范围

根据《中华人民共和国安全生产法》等有关法律法规和交通运输部《公路水运工程安全生产监督管理办法》，财政部、国家安全生产监督管理总局《企业安全生产费用提取和使用管理办法》的规定，结合公路水运工程特点，安全生产专项费用使用范围见表4-1，各类安全生产专项费用清单见表4-2。

安全生产专项费用使用范围　　表4-1

序号	类　别	内 容 说 明
1	设置、完善、改造和维护安全防护设施设备支出	(1)指为保障工程安全生产而设置的相关安全防护设施、设备，以及对其进行技术、性能、质量等方面的完善、改造和维护等所发生的相关费用； (2)设置费用主要指直接用于项目安全生产的相关设施设备购置、制作、安装等费用； (3)完善费用主要指因正常损耗或因工程变更导致的安全防护设施设备的补充购置、制作、安装等费用； (4)改造费用主要指为增加安全防护设施设备的安全系数，增强施工安全，对现有安全防护设施设备进行的设计、实验与制作加工等费用； (5)维护费用主要指对现有安全防护设施设备的日常保养费用

续上表

序号	类　别	内 容 说 明
2	配备、维护、保养应急救援器材、设备支出和应急演练支出	(1)指施工单位应急救援器材、设备的购置、使用、维护、更新以及按照合同约定所组织的应急演练等所发生的相关费用; (2)应急救援指在应急响应过程中,为消除、减少事故危害,防止事故扩大或恶化,最大限度地降低事故造成的损失或危害而采取的救援措施或行动; (3)应急救援器材、设备指在应急救援过程中需要使用的消防、急救等常用小型器材与设备,不含消防车、救生船等由社会专业救援机构配备的大型救援设备或非常用器材; (4)应急演练指由建设单位或施工单位依据应急预案,模拟应对突发事件组织的应急救援活动
3	重大风险源和安全事故隐患评估、监控和整改支出	(1)指针对重大风险源和施工隐患进行评估、监控和整改所发生的相关费用; (2)重大风险源指风险影响因素比较复杂,事故发生可能性较大或事故严重程度较高,必须从结构、环境、施工工艺、安全管理等多个角度进行控制和防范的风险源。对于重大风险源的识别,根据风险源的性质、场所、设备、设施等的不同,结合公路水运工程实际情况,重大风险源应重点关注以下几类:易燃、易爆物资的存储区;具有爆炸危险的生产场所;危险性较大的分部分项工程;重大事故隐患; (3)安全事故隐患,是指生产经营单位违反安全生产法律、法规、规章、标准、规程和安全生产管理制度的规定,或者因其他因素在生产经营活动中存在可能导致事故发生的物的危险状态、人的不安全行为和管理上的缺陷。安全事故隐患分为一般事故隐患和重大事故隐患
4	安全生产检查、评价、咨询和标准化建设支出	(1)指安全生产检查、评价、咨询和标准化建设过程中所发生的相关费用; (2)安全生产检查指施工单位日常安全生产工作检查以及聘请专业安全机构或专家对项目安全生产情况进行的检查;安全生产评价指施工单位聘请专业安全机构或专家对项目进行的施工安全风险评估,或对其安全方案、安全工作情况进行评价,并出具相应评价报告;安全生产咨询指就安全生产工作中存在的问题向相关专业安全机构、咨询单位或专家进行咨询,由其给出咨询意见;安全生产标准化建设指施工单位按照有关规定或合同约定进行的安全生产方面的标准化建设
5	配备和更新现场作业人员安全防护用品支出	指为保障现场施工人员人身安全和身体健康而配备的、供现场施工人员使用的防护必需品所发生的相关费用
6	安全生产宣传、教育、培训支出	指施工单位在施工现场对安全生产进行宣传,对施工人员进行安全知识教育、安全技术交底、安全操作规程培训等所发生的相关费用
7	安全生产试用的新技术、新标准、新工艺、新装备的推广应用支出	指施工单位配合相关科研机构,对其安全生产方面的新技术、新标准、新工艺、新装备等研究成果进行试用所发生的相关费用
8	安全设施及特种设备安装及维护支出	指施工单位邀请具备相应资质的安装及维护机构对相关安全设施及特种设备进行安装和维护所发生的相关费用
9	其他安全生产费用支出	指不在以上范围内,由施工单位根据项目实际情况,在投标书中列支的相关安全生产费用

安全生产专项费用清单 表4-2

序号	类 别	清单细目
1	设置、完善、改造和维护安全防护设施设备支出	(1)施工现场安全防护费。安全防护设施包括:临边、临口、临水等危险部位防坠、防滑、防溺水等设施;防止物体、人员坠落而设的安全网、棚;其他与工程有关的交叉作业防护、防火、防爆、防尘、防毒、防雷、防风、防汛、防台、防地质灾害、有害气体监测、通风、临时安全防护等; (2)警示、照明等灯具费。警示、照明等灯具包括施工车辆、船舶、机械、构造物的警示灯、危险报警闪光灯、施工区域内夜间警示灯、照明灯等灯具; (3)警示标志、标牌费。警示标志、标牌包括各类警告、提醒、指示等; (4)安全用电防护费。安全用电防护设施包括各种用电专用开关、室外使用的开关、防水电箱、高压安全用具、漏电保护等设施; (5)施工现场围护费。施工现场围护设施包括:改扩建工程施工围挡;施工现场高压电塔、杆围护;施工现场光缆围护等。对施工围挡有特殊要求路段的围挡费用不在此列; (6)其他安全防护设备与设施费。应计入安全生产费用的其他安全防护设备与设施的完善、改造和维护等费用
2	配备、维护、保养应急救援器材、设备支出和应急演练支出	(1)应急救援器材与设备的配备(或租赁)、维护、保养费。器材和设备包括:灭火器、消防斧等小型消防器材;急救箱、急救药品、救生衣、救生圈、应急灯具、救援梯、救援绳等小型救生器材与设备。特殊季节或特殊环境下拖轮调遣拖运、警戒船只的租赁费用,救生船、消防车、救护车等大型专业救援设备所发生的相关费用不在此列; (2)应急演练费。由建设单位或施工单位依据应急预案,模拟应对突发事件组织的应急救援活动中,应由施工单位分担或由施工单位自行负责的部分或全部费用
3	重大风险源和安全事故隐患评估、监控和整改支出	(1)重大风险源和事故隐患评估费。由建设单位、相关行政主管部门组织的,或者施工单位委托专业安全评估机构对项目重大风险源、重大事故隐患进行评估所发生的相关费用; (2)重大风险源监控费。对项目重大风险源进行日常监控所发生的相关费用。施工监控不在此列; (3)重大事故隐患整改费。根据建设单位、相关行政主管部门或者专业安全评估机构出具的评估报告,对重大事故隐患进行整改所发生的相关费用
4	安全生产检查、评价、咨询和标准化建设支出	(1)日常安全检查费。施工单位专职安全员日常安全巡查所发生的车辆与相关器材使用费,车辆与器材的购置费用不在此列; (2)专项安全检查费。施工单位聘请"专业安全评估机构"或专家对项目安全生产过程中的特殊部位、特殊工艺、特别设备的施工安全检查所支付的相关费用; (3)安全生产评价费。施工单位聘请"专业安全评估机构"或专家对项目专项施工方案、风险评估进行讨论、论证、评估、评价所支付的相关费用,不包括新建、改建、扩建项目安全评价; (4)安全生产咨询、风险评估费。施工单位就安全生产工作中存在的问题向相关"专业安全评估机构"、咨询单位或专家进行咨询所支付的相关费用。按规定开展施工安全风险评估管理费用; (5)安全生产标准化建设费。施工单位按照有关规定或者合同约定开展安全生产方面的标准化建设费用
5	配备和更新现场作业人员安全防护用品支出	(1)安全防护物品配备费。施工单位根据有关规定在日常施工中必须配备的安全帽、安全绳(带)、手套、雨鞋、工作服、口罩、防毒面具、防护膏药等安全防护物品的购置费用; (2)安全防护物品更新费。施工单位对安全防护物品的正常损耗进行必要补充所产生的费用
6	安全生产宣传、教育、培训支出	(1)安全生产宣传费。包括制作安全宣传标语、条幅、图片、视频等宣传资料所发生的费用; (2)安全生产教育培训费。包括施工单位对施工人员进行安全技术交底、安全操作规程培训、安全知识教育等支出的课时费;安全报纸、杂志订阅或购置费;安全知识竞赛、技能竞赛、安全专题会议等活动费用;安全经验交流、现场观摩等费用

续上表

序号	类　别	清 单 细 目
7	安全生产试用的新技术、新标准、新工艺、新装备的推广应用支出	增设隧道门禁系统、隧道内风险控制接口系统、桥梁作用面远程监控系统等所发生的费用
8	安全设施及特种设备安装及维护支出	(1)安全设施安装及维护费。施工单位对拟投入该项目的安全设施送交或邀请具有相关资质的安装及维护机构进行安装和维护,并出具相关报告所发生的费用; (2)特种设备安装及维护费。施工单位根据有关规定对拟投入该项目的特种设备邀请具有相关资质的安装及维护机构进行安装和维护,并出具相关报告所发生的费用
9	其他安全生产费用支出	(1)办公用品费。专职安全员办公用计算机、照相器材等办公必需的设施配备费用; (2)雇工费。保障施工安全,对施工现场进出口部位进行交通管制而雇用交通协管人员进行看护所支出的人工费用; (3)其他费用。招投标时不可预见的,在施工过程中经建设单位与监理单位认可,可在安全生产费用中列支的其他与安全生产直接相关的费用

第四节　不得列入安全生产费用的费用范围

施工单位发生的下列与安全生产相关的费用,不列入安全生产费用,按正常工程费用渠道列支和管理:

(1)施工单位为施工人员办理的团体人身意外伤害险或个人意外伤害险费用。

(2)施工单位为职工提供的职业病防治、工伤保险、医疗保险费用。

(3)按照“三同时”要求,初期投入的安全设施费用。

(4)除建设单位与监理单位共同认定外,施工现场与外界的隔离、围挡设施费用以及为保证施工期间交通安全而设置的临时安全设施和标志、标牌费用。

(5)爆破作业及穿越村镇、公路、河流、地线管线的施工现场进行防护、隔离等设施费用。

(6)按正常施工作业所设置的基坑围护、防失稳支撑、支架、安全用电等设备费用。

(7)考核奖励费用。

(8)合同工程量清单中已经单列的与安全生产有关的其他费用。

(9)建设单位和监理单位共同认定的其他不列入安全生产费用支出的费用。

第五节　安全生产费用使用管理

一、建设单位

(1)建设单位应定期对施工单位的安全生产费用使用情况进行监督检查。

(2)施工单位未按照合同约定落实安全生产措施的,建设单位可以责令其暂停施工或者暂停支付安全生产费用,并要求监理单位督促整改。

(3)施工单位未能在规定期限内完成事故隐患整改的,建设单位可以直接委托其他单位代为整改,相关费用在计量支付中扣除,并由建设单位直接支付给受委托单位。

二、监理单位

(1)监理单位应根据施工单位季度(月度)安全生产费用使用计划,对照当月安全生产投入明细表及有关发票、照片、视频等资料,与现场实物逐一核对签认。

(2)监理单位应及时核实周转性材料、非实物性的安全生产费用支出,并留有照片、视频等资料作为审核计量的依据。

(3)监理单位发现施工现场存在事故隐患施工单位拒不整改的,监理单位应暂停安全生产费用及工程款的计量,并及时向建设单位报告。

三、施工单位

(1)施工单位应按照合同约定,制订季度(月度)安全生产费用使用计划,报监理单位审批后实施。

(2)施工单位应建立安全生产费用使用台账,并附安全生产费用使用环节的影像资料和有关票据凭证等资料。

(3)实行工程总承包的,总包单位应当将安全生产费用按比例直接支付给分包单位并监督使用,不得拖欠。安全生产费用不得转嫁由劳务分包单位承担。

第六节　安全生产费用计量支付

(1)安全生产专项费用的计量与支付应按照施工单位申报、监理单位审查、建设单位审批的程序实施。

(2)项目开工前,项目建设单位预付安全生产费用不得低于该费用总额的30%。

(3)计量与支付应以现场计量为主,现场计量与总额包干相结合的方式进行,原则上以每月计价施工产值为计提依据。

(4)计量应由施工单位制订计量报表、计价清单,并附有安全生产费用投入使用的相关证实性书面材料。报监理单位审核后由建设单位审定。

(5)实行工程总承包的,分包合同中应明确安全生产费用支付条款,根据分包单位的投入使用情况专款专用,及时支付。

(6)因重大设计变更造成安全生产费用实际投入总额与合同约定不一致的,差额部分由建设单位按照批复变更金额和规定提取比例同时调整。

(7)工程结算时安全生产费用未计量部分原则上不再支付。

第七节　安全生产费用监督管理

各级交通运输主管部门按照“属地管理、分级负责”的原则对安全生产费用计取、支付和使用实施监督管理。

(1)跟踪审计机构对安全生产费用资金使用管理的审计监督,确保资金"专款专用"。

(2)在开展工程项目招投标监管时,应当认真审查招标文件中安全生产费用清单、投标报价、计量支付规则等有关内容。

(3)及时受理安全生产费用不按规定计取、使用等情况的检举、控告和投诉,并依照相关法规规章进行调查、处理、处罚。

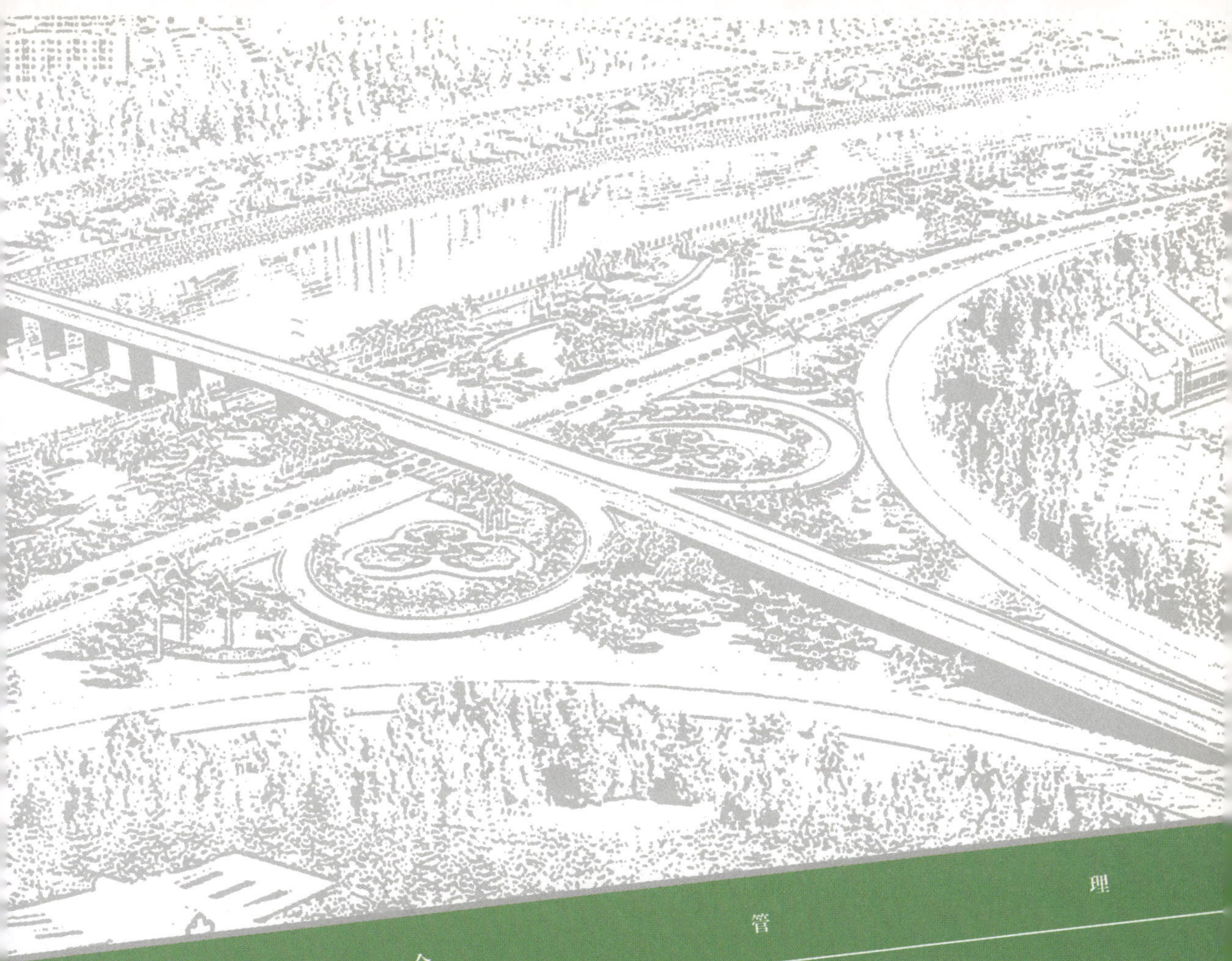

安全管理

第五章
PART 5

职业健康管理

职业健康管理是指对生产经营工作场所内所产生或存在的职业性有害因素进行识别、评估、预测和控制，使劳动者免受职业性有害因素危害的一种管理和措施。

第一节 职业病概述及工作机制

一、职业病概述

职业病是指企业、事业单位和个体经济组织等用人单位的劳动者在职业活动中，因接触粉尘、放射性物质和其他有毒、有害因素而引起的疾病。

二、工作机制

职业病防治工作坚持预防为主、防治结合的方针，建立用人单位负责、行政机关监管、行业自律、职工参与和社会监督的机制，实行分类管理、综合治理。

第二节 职业病分类

根据《职业病的分类和目录》（国卫疾控发〔2013〕48 号），职业病共分为 10 大类 132 种。职业病分类和目录见表 5-1。

职业病分类和目录 表 5-1

序号	类型	种类
一	职业性尘肺病及其他呼吸系统疾病(19)	尘肺病(13 种)
		1. 矽肺;2. 煤工尘肺;3. 石墨尘肺;4. 炭黑尘肺;5. 石棉肺;6. 滑石尘肺;7. 水泥尘肺;8. 云母尘肺;9. 陶工尘肺;10. 铝尘肺;11. 电焊工尘肺;12. 铸工尘肺;13. 根据《尘肺病诊断标准》和《尘肺病理诊断标准》可以诊断的其他尘肺病
		其他呼吸系统疾病(6 种)
		1. 过敏性肺炎;2. 棉尘病;3. 哮喘;4. 金属及其化合物粉尘肺沉着病(锡、铁、锑、钡及其化合物等);5. 刺激性化学物所致慢性阻塞性肺疾病;6. 硬金属肺病
二	职业性皮肤病(9)	1. 接触性皮炎;2. 光接触性皮炎;3. 电光性皮炎;4. 黑变病;5. 痤疮;6. 溃疡;7. 化学性皮肤灼伤;8. 白斑;9. 根据《职业性皮肤病的诊断总则》可以诊断的其他职业性皮肤病
三	职业性眼病(3)	1. 化学性眼部灼伤;2. 电光性眼炎;3. 白内障(含辐射性白内障、三硝基甲苯白内障)
四	职业性耳鼻喉口腔疾病(4)	1. 噪声聋;2. 铬鼻病;3. 牙酸蚀病;4. 爆震聋

续上表

序号	类型	种类
五	职业性化学中毒(60)	1. 铅及其化合物中毒(不包括四乙基铅);2. 汞及其化合物中毒;3. 锰及其化合物中毒;4. 镉及其化合物中毒;5. 铍病;6. 铊及其化合物中毒;7. 钡及其化合物中毒;8. 钒及其化合物中毒;9. 磷及其化合物中毒;10. 砷及其化合物中毒;11. 铀及其化合物中毒;12. 砷化氢中毒;13. 氯气中毒;14. 二氧化硫中毒;15. 光气中毒;16. 氨中毒;17. 偏二甲基肼中毒;18. 氮氧化合物中毒;19. 一氧化碳中毒;20. 二硫化碳中毒;21. 硫化氢中毒;22. 磷化氢、磷化锌、磷化铝中毒;23. 氟及其无机化合物中毒;24. 氰及腈类化合物中毒;25. 四乙基铅中毒;26. 有机锡中毒;27. 羰基镍中毒;28. 苯中毒;29. 甲苯中毒;30. 二甲苯中毒;31. 正己烷中毒;32. 汽油中毒;33. 一甲胺中毒;34. 有机氟聚合物单体及其热裂解物中毒;35. 二氯乙烷中毒;36. 四氯化碳中毒;37. 氯乙烯中毒;38. 三氯乙烯中毒;39. 氯丙烯中毒;40. 氯丁二烯中毒;41. 苯的氨基及硝基化合物(不包括三硝基甲苯)中毒;42. 三硝基甲苯中毒;43. 甲醇中毒;44. 酚中毒;45. 五氯酚(钠)中毒;46. 甲醛中毒;47. 硫酸二甲酯中毒;48. 丙烯酰胺中毒;49. 二甲基甲酰胺中毒;50. 有机磷中毒;51. 氨基甲酸酯类中毒;52. 杀虫脒中毒;53. 溴甲烷中毒;54. 拟除虫菊酯类中毒;55. 铟及其化合物中毒;56. 溴丙烷中毒;57. 碘甲烷中毒;58. 氯乙酸中毒;59. 环氧乙烷中毒;60. 上述条目未提及的与职业有害因素接触之间存在直接因果联系的其他化学中毒
六	物理因素所致职业病(7)	1. 中暑;2. 减压病;3. 高原病;4. 航空病;5. 手臂振动病;6. 激光所致眼(角膜、晶状体、视网膜)损伤;7. 冻伤
七	职业性放射性疾病(11)	1. 外照射急性放射病;2. 外照射亚急性放射病;3. 外照射慢性放射病;4. 内照射放射病;5. 放射性皮肤疾病;6. 放射性肿瘤(含矿工高氡暴露所致肺癌);7. 放射性骨损伤;8. 放射性甲状腺疾病;9. 放射性性腺疾病;10. 放射复合伤;11. 根据《职业性放射性疾病诊断标准(总则)》可以诊断的其他放射性损伤
八	职业性传染病(5)	1. 炭疽;2. 森林脑炎;3. 布鲁氏菌病;4. 艾滋病(限于医疗卫生人员及人民警察);5. 莱姆病
九	职业性肿瘤(11)	1. 石棉所致肺癌、间皮瘤;2. 联苯胺所致膀胱癌;3. 苯所致白血病;4. 氯甲醚、双氯甲醚所致肺癌;5. 砷及其化合物所致肺癌、皮肤癌;6. 氯乙烯所致肝血管肉瘤;7. 焦炉逸散物所致肺癌;8. 六价铬化合物所致肺癌;9. 毛沸石所致肺癌、胸膜间皮瘤;10. 煤焦油、煤焦油沥青、石油沥青所致皮肤癌;11. β-萘胺所致膀胱癌
十	其他职业病(3)	1. 金属烟热;2. 滑囊炎(限于井下工人);3. 股静脉血栓综合征、股动脉闭塞症或淋巴管闭塞症(限于刮研作业人员)

第三节　职业病防治用人单位义务

在职业病防治过程中,用人单位的义务主要有:

(1)承担责任义务。用人单位应当建立、健全职业病防治责任制,并对本单位产生的职业病危害承担责任。

(2)职业危害申报义务。用人单位应当按照国家有关法律、行政法规的规定,及时、如实向所在地申报职业危害项目,接受安全生产监督管理部门的监督管理。职业病危害申报支持性文件见表5-2。

职业病危害申报支持性文件 表 5-2

文件名称	实施时间	发布部门
工作场所职业卫生监督管理规定	2012.6.1	国家安全生产监督管理总局
职业病危害项目申报办法	2012.6.1	国家安全生产监督管理总局
职业病危害因素分类目录	2015.11.17	卫计委、安监总局、人保部、总工会

(3)“三同时”义务。用人单位对可能产生职业病危害的新建、改建、扩建和技术改造、技术引进建设项目的职业病防护设施必须与主体工程同时设计、同时施工、同时投入生产和使用。

(4)健康保障的义务。用人单位应当采取有效的职业病危害防护措施,为劳动者提供符合国家职业卫生标准和卫生要求的工作场所、环境和条件。

(5)职业卫生管理义务。用人单位应当设置或指定职业卫生管理机构,配备职业卫生管理人员,建立、健全职业卫生管理制度、操作规程、卫生档案、劳动者健康监护档案、危害因素监测评价制度及事故应急救援预案。卫生管理机构配置要求见表 5-3。

卫生管理机构配置要求 表 5-3

劳动者 >100 人	设置职业卫生管理机构,配备专职职业卫生管理人员
劳动者 <100 人	配备专职或者兼职的职业卫生管理人员

(6)保险义务。用人单位必须依法参加工伤保险,接受县级以上地方人民政府劳动保障行政部门的监督。

(7)卫生防护义务。用人单位必须采取有效的职业病防护设施,并为劳动者提供个人职业病防护用品。

(8)减少危害义务。用人单位应当优先采用新技术、新工艺、新设备、新材料,逐步替代职业病危害严重的技术、工艺、设备、材料。

(9)职业危害监测义务。用人单位应当定期对工作场所进行职业病危害因素检测、评价,检测、评价结果存入用人单位职业卫生档案,定期向所在地安全生产监督管理部门报告并向劳动者公布。

(10)不转移危害义务。用人单位不得将产生职业病危害的作业转移给不具备职业病防护条件的单位和个人。

(11)职业危害告知义务。用人单位采用的技术、工艺、设备、材料,应当知悉其产生的职业病危害,不得隐瞒其危害,还应通过合同、设置公告栏、警示标识和提供说明书等方式告知劳动者。

(12)培训教育义务。用人单位应当对劳动者进行上岗前职业卫生培训和在岗期间的定期职业卫生培训,指导劳动者正确使用职业病防护用品。

(13)健康监护义务。从事接触职业病危害因素的劳动者上岗前、在岗期间和离岗时应进行职业健康检查,职业健康检查应当由取得《医疗机构执业许可证》医疗卫生机构承担,职业健康检查费用由用人单位承担。职业健康检查周期见表 5-4。

职业健康体检周期

表 5-4

序号	有害因素名称	体检周期
1	二氧化硫(SO_2)	健康检查周期1年
2	氨(NH_3)	健康检查周期1年
3	一氧化碳(CO)	健康检查周期3年
4	硫化氢(H_2S)	健康检查周期3年
5	矽尘(游离二氧化硅含量超过10%的无机性粉尘)	生产性粉尘作业分级Ⅰ级,2年1次;生产性粉尘作业分级Ⅱ级及以上,1年1次
6	煤尘	生产性粉尘作业分级Ⅰ级,3年1次;生产性粉尘作业分级Ⅱ级及以上,2年1次
7	其他粉尘(指除矽尘、煤尘和石棉粉尘以外按现行国家职业病目录中可以引起尘肺病的其他矿物性粉尘,包括炭黑粉尘、石墨粉尘、滑石粉尘、云母粉尘、水泥粉尘、铸造粉尘、陶瓷粉尘、铝尘(铝、铝矾土、氧化铝)、电焊烟尘等粉尘	生产性粉尘作业分级Ⅰ级,4年1次;生产性粉尘作业分级Ⅱ级及以上,2~3年1次
8	噪声	作业场所噪声8h等效声级≥85dB,1年1次;作业场所噪声等效声级大于或等于80dB,<85dB,2年1次
9	紫外线	健康检查周期2年
10	振动	健康检查周期2年
11	高温	健康检查周期1年,应在每年高温季节到来之前进行
12	电工作业	健康检查周期2年
13	高处作业	健康检查周期1年
14	甲醇	健康检查周期2年
15	汽油	健康检查周期1年
16	压力容器作业	健康检查周期2年
17	职业机动车驾驶作业	(1)大型车及营运性职业驾驶员1年; (2)小型车及非营运性职业驾驶员2年

(14)事故处理义务。发生职业病危害事故时,用人单位应当立即采取应急救援和控制措施,及时报告所在地安全生产监督管理部门和有关部门,并及时对职业病危害的劳动者组织救治、健康检查和医学观察,所需费用由用人单位承担。

(15)特殊劳动者保护义务。用人单位不得安排未成年工从事接触职业病危害因素的作业;不得安排孕妇、哺乳期的女工从事对本人和胎儿、婴儿有危害的作业。

(16)举证、提供职业病诊断资料的义务。劳动者申请作职业病鉴定时,用人单位应当如实提供相关资料。

(17)落实职业病防治经费义务。支持职业病诊断、鉴定、治疗和康复并承担相关费用。

(18)其他法定义务。接受行政监督和民主管理的义务、职业病病人调离和妥善安置的义务、依照民事法律承担损害赔偿的义务。

第四节　职业病监督管理

国务院安全生产监督管理部门、卫生行政部门、劳动保障行政部门依照《职业病防治法》和国务院确定的职责，负责全国职业病防治的监督管理工作。

县级以上地方人民政府安全生产监督管理部门、卫生行政部门、劳动保障行政部门依据各自职责，负责本行政区域内职业病防治的监督管理及监督检查工作。

国务院和县级以上地方人民政府劳动保障行政部门负责对用人单位工伤保险情况进行监督管理，确保劳动者依法享受工伤保险待遇。

任何单位和个人有权对违反职业病防治的行为进行检举和控告。职业卫生管理机构体系如图 5-1 所示。

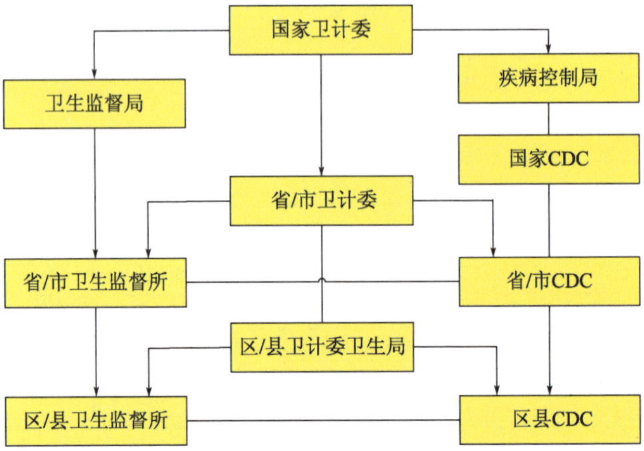

图 5-1　职业卫生管理机构体系图

第五节　公路工程常见职业病及预防措施

一、常见职业病

公路工程施工中，根据施工工艺产生的危害因素、自然环境、施工环境等，常见的职业病有职业性尘肺病、职业性皮肤病、职业性眼病、职业性耳病、职业性化学中毒及物理因素所致职业病等。公路工程常见职业病见表 5-5。

公路工程常见职业病一览　　表 5-5

序号	职业病名称	职业病简介	危害类别	公路工程中主要涉及作业内容
1	职业性尘肺病	长期接触生产性粉尘的作业人员，吸入的粉尘量达到一定数量 即可引发的疾病	矽肺	河沙、碎石的装载、运输；土石方的开挖、炮眼打孔、爆破；土石方回填、支护；金属喷砂、除锈；金属打磨、抛光；隧道掘进、打眼、爆破；人工挖孔桩开挖；喷浆作业；混凝土浇筑；路面摊铺；砖、砌块、条石砌体等的砌筑

续上表

序号	职业病名称	职业病简介	危害类别	公路工程中主要涉及作业内容
1	职业性尘肺病	长期接触生产性粉尘的作业人员，吸入的粉尘量达到一定数量 即可引发的疾病	水泥尘肺	水泥的运输、搬运、投料、拌和、浇捣；水泥称量配料、混合搅拌、制浆
			电焊工尘肺	手工电弧焊；气体保护焊；氩弧焊；碳弧气刨；气焊
2	职业性皮肤病	劳动中以化学、物理、生物等职业性有害因素为主要原因引起的皮肤及附属器的疾病	光敏性皮炎	采取沥青进行防腐、防水处理；沥青路面施工
			电光性皮炎	金属材料切割作业；各类焊接作业
			黑变病	采取沥青进行防腐、防水处理；野外/露天施工作业。机械设备修理采取汽油进行机械部件清洗、发动机装配
3	职业性眼病	工作中由于接触职业病危害因素引起的各种眼部病变造成眼部损伤的疾病	化学性眼部灼伤	蓄电池充电作业；金属酸洗；钢筋钢材除锈作业
			电光性眼炎	各类焊接作业
4	职业性耳病	劳动者在工作过程中长期接触生产性噪声而发生的一种进行性感音性听觉障碍造成耳部损伤的疾病	噪声聋	土石方的炮眼打孔、爆破；隧道掘进、打眼、爆破；金属喷砂、除锈；金属打磨、抛光；喷浆作业；混凝土浇筑；路面摊铺
5	职业性化学中毒	劳动者生产劳动过程中接触生产性毒物而引起的中毒	铅及化合物中毒	油漆配料；设备检修除锈；涂料、颜料配制、使用；旧设备焊割拆除
			锰尘中毒	手工电弧焊；气体保护焊；碳弧气刨
			一氧化碳中毒	深井、深基坑作业；罐体、管道等密闭空间内作业；市政管道新管、旧管连接作业；焊接作业
			二硫化碳中毒	市政管道新管、旧管连接作业
			苯中毒、甲苯中毒、二甲苯中毒	油漆调配、稀释、溶解；油漆喷涂、揩涂、淋涂、刷涂；机电绝缘、镇流器绝缘
			汽油中毒	机械设备修理采取汽油进行机械部件清洗、发动机装配
6	物理因素所致职业病	在工作环境中，与劳动者健康密切相关的物理性因素包括气象条件，如气温、气湿、气流、气压；噪声和振动；电磁辐射，造成的劳动者损伤的疾病	中暑	夏季施工；密闭空间作业；金属材料焊接、切割作业
			手臂振病	土石方的炮眼打孔；金属喷砂、除锈；金属打磨、抛光；喷浆作业；混凝土浇筑；路面摊铺；金属构件铆接
			冻伤	冬季施工

二、职业病预防措施

(1)职业性尘肺病预防措施。工艺改革、采用低尘设备；采取湿式作业、人工洒水或机械洒水降尘，如不能采取湿式作业应采用密闭抽风除尘办法防止粉尘飞扬；做好接尘工人各项健康检查；作业过程中佩戴防尘护具并按规定及时更换；定期对生产环境中的粉尘浓度进行检测，并加强宣传教育。

（2）职业性皮肤病预防措施。做好新进场人员的健康体检工作；改善劳动条件确保操作过程自动化机械化，加强个人劳动防护用品佩戴，避免作业人员的皮肤在无防护的情况下直接接触有害物质；定期做好职业性皮肤病的普查和教育工作。

（3）职业性眼病预防措施。加强个人防护，佩戴防护眼罩。

（4）职业性耳病预防措施。以低噪声设备代替高噪声设备等，减少噪声分贝；加强个人防护，佩戴防护耳塞、耳罩、防声帽；定期进行健康监护体检。

（5）职业性化学中毒预防措施。进入通风不良的施工现场，要先进行通风；技术革新、改革生产工艺如以无毒或低毒的物质代替有毒或剧毒的物质；加强个人防护用品佩戴，在有害环境作业时要控制一定的作业时间。

（6）物理因素所致职业病预防：

①中暑：作业时间避开高温时段，或采取交叉作业时间；隧道内施工前可先使用通风设备降温和除湿；发放防暑降温饮料和医疗药品。

②手臂振动病：控制振动源；使用的工具和机械采用减振措施；限制作业时间和振动强度；改善作业环境，加强个体防护及健康监护。

③冻伤：低温作业应做好保暖措施，尽可能实现机械化代替人工作业；露天作业应有相应的防风防寒措施；做好个人防寒物品穿着和佩戴。

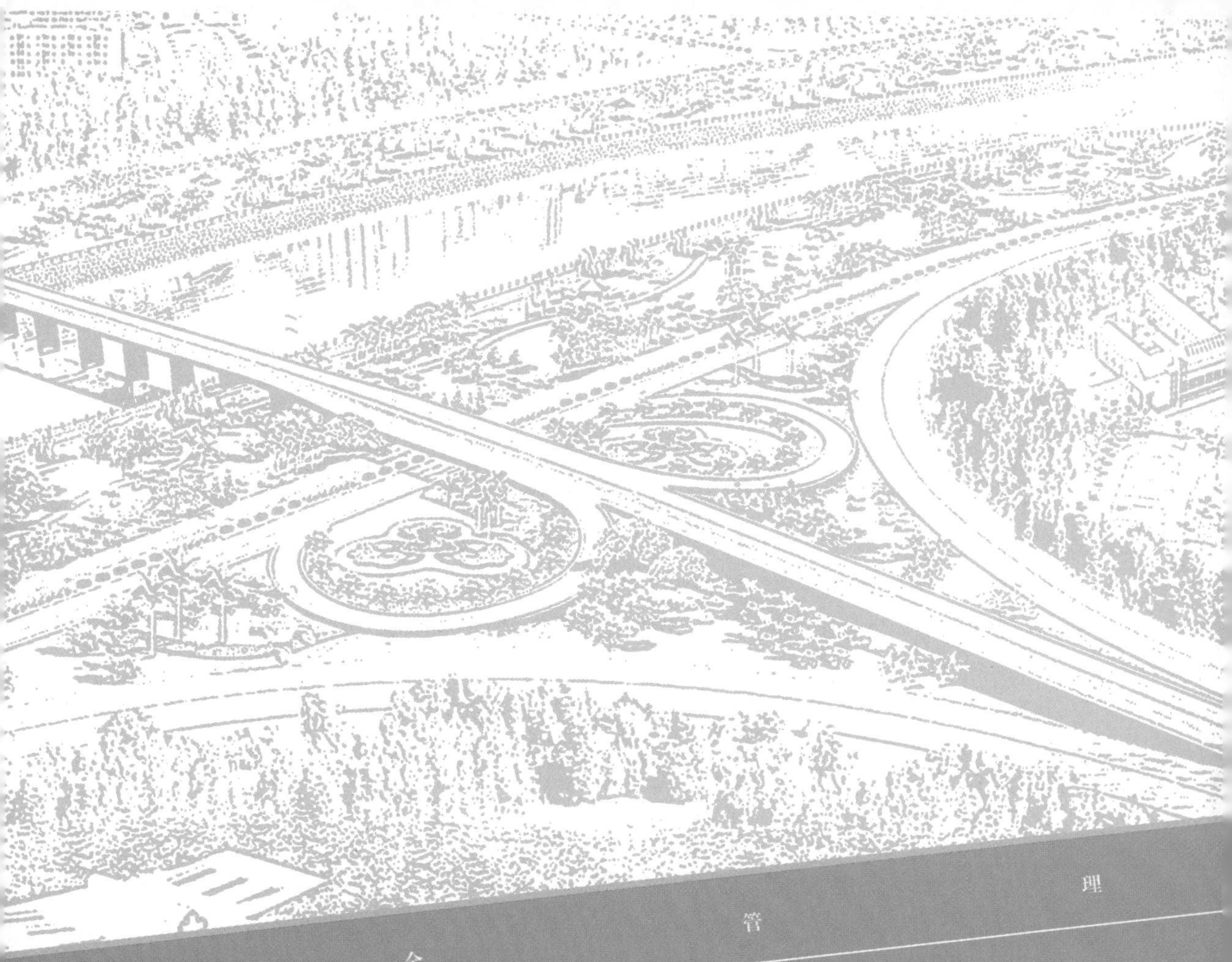

安 全 管 理

第六章 PART 6

工伤保险与意外伤害保险

第一节　工伤保险

一、工伤保险概念

工伤保险是通过社会统筹的办法，集中用人单位缴纳的工伤保险费，建立工伤保险基金，对劳动者在生产经营活动中遭受的意外伤害或职业病，并由此造成死亡、暂时或永久丧失劳动能力时，给予劳动者及其家属法定的医疗救治及必要的经济补偿的一种社会保障制度。

二、工伤保险特点

工伤保险具有强制性、非营利性、保障性、互助互济性的特点。

(1)强制性：国家立法强制执行的，在规定范围内的用人单位、就业者必须参加。

(2)非营利性：是国家对劳动者履行的社会责任，也是劳动者应该享受的基本权利。目的是为劳动者谋福利，不以营利为目的。

(3)保障性：是指劳动者在发生工伤事故后，对劳动者或者其家属发放的工伤待遇，要能保障他们的基本生活。

(4)互助互济性：是工伤保险基金，由社会保险机构在人员之间、地区之间、行业之间对费用实行再分配，调剂使用基金，保证一个人、一个单位或一个行业的需要。

三、工伤保险对象

中华人民共和国境内的企业、事业单位、社会团体、民办非企业单位、基金会、律师事务所、会计师事务所等组织的职工和个体工商户的雇工，均为工伤保险覆盖的对象。

四、工伤保险费用缴纳

(1)用人单位应当按时缴纳工伤保险费，职工个人不缴纳工伤保险费。用人单位缴纳工伤保险费的数额为本单位职工工资总额乘以单位缴费费率之积。不同工伤风险类别的行业执行不同的工伤保险行业基准费率，见表6-1。

各行业基准费率　　表6-1

行业类别	行业名称	基准费率(%)
一	软件和信息技术服务业，货币金融服务，资本市场服务，保险业，其他金融业，科技推广和应用服务业，社会工作，广播、电视、电影和影视录音制作业，中国共产党机关，国家机构，人民政协、民主党派，社会保障，群众团体、社会团体和其他成员组织，基层群众自治组织，国际组织	0.2
二	批发业，零售业，仓储业，邮政业，住宿业，餐饮业，电信、广播电视和卫星传输服务，互联网和相关服务，房地产业，租赁业，商务服务业，研究和试验发展，专业技术服务业，居民服务业，其他服务业，教育，卫生，新闻和出版业，文化艺术业	0.4

续上表

行业类别	行业名称	基准费率(%)
三	农副食品加工业，食品制造业，酒、饮料和精制茶制造业，烟草制品业，纺织业，木材加工和木、竹、藤、棕、草制品业，文教、工美、体育和娱乐用品制造业，计算机、通信和其他电子设备制造业，仪器仪表制造业，其他制造业，水的生产和供应业，机动车、电子产品和日用产品修理业，水利管理业，生态保护和环境治理业，公共设施管理业，娱乐业	0.7
四	农业，畜牧业，农、林、牧、渔服务业，纺织服装、服饰业，皮革、毛皮、羽毛及其制品和制鞋业，印刷和记录媒介复制业，医药制造业，化学纤维制造业，橡胶和塑料制品业，金属制品业，通用设备制造业，专用设备制造业，汽车制造业，铁路、船舶、航空航天和其他运输设备制造业，电气机械和器材制造业，废弃资源综合利用业，金属制品、机械和设备修理业，电力、热力生产和供应业，燃气生产和供应业，铁路运输业，航空运输业，管道运输业，体育	0.9
五	林业，开采辅助活动，家具制造业，造纸和纸制品业，建筑安装业，建筑装饰和其他建筑业，道路运输业，水上运输业，装卸搬运和运输代理业	1.1
六	渔业，化学原料和化学制品制造业，非金属矿物制品业，黑色金属冶炼和压延加工业，有色金属冶炼和压延加工业，房屋建筑业，土木工程建筑业	1.3
七	石油和天然气开采业，其他采矿业，石油加工、炼焦和核燃料加工业	1.6
八	煤炭开采和洗选业，黑色金属矿采选业，有色金属矿采选业，非金属矿采选业	1.9

(2)国家根据不同行业的工伤风险程度确定行业的差别费率，并根据工伤保险费使用、工伤发生率等情况在每个行业内确定若干费率档次。一类行业分为3个档次，即在基准费率的基础上，可向上浮动至120%、150%，二类至八类行业分为5个档次，即在基准费率的基础上，可分别向上浮动至120%、150%或向下浮动至80%、50%。

(3)统筹地区经办机构根据用人单位工伤保险费使用、工伤发生率等情况，适用所属行业内相应的费率档次确定单位缴费费率。

五、工伤认定

(1)职工有下列情形之一的，应当认定为工伤：

①在工作时间和工作场所内，因工作原因受到事故伤害的。

②工作时间前后在工作场所内，从事与工作有关的预备性或者收尾性工作受到事故伤害的。

③在工作时间和工作场所内，因履行工作职责受到暴力等意外伤害的。

④患职业病的。

⑤因工外出期间，由于工作原因受到伤害或者发生事故下落不明的。

⑥在上下班途中，受到非本人主要责任的交通事故或者城市轨道交通、客运轮渡、火车事故伤害的。

⑦法律、行政法规规定应当认定为工伤的其他情形。

(2)职工有下列情形之一的，视同工伤：

①在工作时间和工作岗位，突发疾病死亡或者在48h之内经抢救无效死亡的。

②在抢险救灾等维护国家利益、公共利益活动中受到伤害的。

③职工原在军队服役，因战、因公负伤致残，已取得革命伤残军人证，到用人单位后旧伤复发的。

(3)有下列情形之一的，不得认定为工伤或者视同工伤：

①故意犯罪的。

②醉酒或者吸毒的。

③自残或者自杀的。

(4)发生事故伤害或者按照职业病防治法规定被诊断、鉴定为职业病，所在单位应当自事故伤害发生之日或者被诊断、鉴定为职业病之日起30日内，向统筹地区社会保险行政部门提出工伤认定申请。

(5)用人单位未提出工伤认定申请的，工伤职工或者其近亲属、工会组织在事故伤害发生之日或者被诊断、鉴定为职业病之日起1年内，可以直接向用人单位所在地统筹地区社会保险行政部门提出工伤认定申请。

(6)用人单位未按款规定的时限内提交工伤认定申请，在此期间发生符合本条例规定的工伤待遇等有关费用由该用人单位负担。

(7)提出工伤认定申请应当提交下列材料：

①工伤认定申请表(包括事故发生的时间、地点、原因以及职工伤害程度等基本情况)。

②与用人单位存在劳动关系(包括事实劳动关系)的证明材料。

③医疗诊断证明或者职业病诊断证明书(或者职业病诊断鉴定书)。

(8)职工或者其近亲属认为是工伤，用人单位不认为是工伤的，由用人单位承担举证责任。

六、劳动能力鉴定

(1)劳动能力鉴定是指劳动功能障碍程度和生活自理障碍程度的等级鉴定。

(2)劳动功能障碍分为10个伤残等级，最重的为一级，最轻的为十级。见表6-2。

劳动功能障碍等级 表6-2

劳动功能障碍等级	劳动功能障碍等级划分
一级	器官缺失或功能完全丧失，其他器官不能代偿，存在特殊医疗依赖，或完全或大部分或部分生活自理障碍：①极重度智能损伤；②四肢瘫肌力≤3级或三肢瘫肌力≤2级；③重度非肢体瘫运动障碍；④面部重度毁容，同时伴有表中二级伤残之一者；⑤全身重度瘢痕形成，占体表面积≥90%，伴有脊柱及四肢大关节活动功能基本丧失；⑥双肘关节以上缺失或功能完全丧失；⑦双下肢膝上缺失及一上肢肘上缺失；⑧双下肢及一上肢瘢痕畸形，功能完全丧失；⑨双眼无光感或仅有光感但光定位不准者；⑩肺功能重度损伤和呼吸困难IV级，需终生依赖机械通气；⑪双肺或心肺联合移植术；⑫小肠切除≥90%；⑬肝切除后原位肝移植；⑭胆道损伤原位肝移植；⑮全胰切除；⑯双侧肾切除或孤肾切除术后，用透析维持或同种肾移植术后肾功能不全尿毒症期；⑰尘肺三期伴肺功能重度损伤及(或)重度低氧血症[PO_2 <5.3kPa(<40mmHg)]；⑱其他职业性肺部疾患，伴肺功能重度损伤及(或)重度低氧血症[PO_2 <5.3kPa(<40mmHg)]；⑲放射性肺炎后，两叶以上肺纤维化伴重度低氧血症[PO_2 <5.3kPa(<40mmHg)]；⑳职业性肺癌伴肺功能重度损伤；㉑职业性肝血管肉瘤，重度肝功能损害；㉒肝硬化伴食道静脉破裂出血，肝功能重度损害；㉓肾功能不全尿毒症期，内生肌酐清除率持续<10mL/min，或血浆肌酐水平持续>707μmol/L(8mg/dL)

续上表

劳动功能障碍等级	劳动功能障碍等级划分
二级	器官严重缺损或畸形，有严重功能障碍或并发症，存在特殊医疗依赖，或大部分或部分生活自理障碍：①重度智能损伤；②三肢瘫肌力3级；③偏瘫肌力≤2级；④截瘫肌力≤2级；⑤双手全肌瘫肌力≤2级；⑥完全感觉性或混合性失语；⑦全身重度瘢痕形成，占体表面积≥80%，伴有四肢大关节中3个以上活动功能受限；⑧全面部瘢痕或植皮伴有重度毁容；⑨双侧前臂缺失或双手功能完全丧失；⑩双下肢瘢痕畸形，功能完全丧失；⑪双膝以上缺失；⑫双膝、双踝关节功能完全丧失；⑬同侧上、下肢缺失或功能完全丧失；⑭四肢大关节（肩、髋、膝、肘）中4个及以上关节功能完全丧失者；⑮一眼有或无光感，另眼矫正视力≤0.02，或视野≤8%（或半径≤5°）；⑯无吞咽功能，完全依赖胃管进食；⑰双侧上颌骨或双侧下颌骨完全缺损；⑱一侧上颌骨及对侧下颌骨完全缺损，并伴有颜面软组织损伤>$30cm^2$；⑲一侧全肺切除并胸廓成形术，呼吸困难Ⅲ级；⑳心功能不全三级；㉑食管闭锁或损伤后无法行食管重建术，依赖胃造瘘或空肠造瘘进食；㉒小肠切除3/4，合并短肠综合征；㉓肝切除3/4，合并肝功能重度损害；㉔肝外伤后发生门脉高压三联症或发生Budd-chiari综合征；㉕胆道损伤致肝功能重度损害；㉖胰次全切除，胰腺移植术后；㉗孤肾部分切除后，肾功能不全失代偿期；㉘肺功能重度损伤及（或）重度低氧血症；㉙尘肺三期伴肺功能中度损伤及（或）中度低氧血症；㉚尘肺二期伴肺功能重度损伤及（或）重度低氧血症[PO_2<5.3kPa(40mmHg)]；㉛尘肺三期伴活动性肺结核；㉜职业性肺癌或胸膜间皮瘤；㉝职业性急性白血病；㉞急性重型再生障碍性贫血；㉟慢性重度中毒性肝病；㊱肝血管肉瘤；㊲肾功能不全尿毒症期，内生肌酐清除率持续<25mL/min，或血浆肌酐水平持续>450μmol/L(5mg/dL)；㊳职业性膀胱癌；㊴放射性肿瘤
三级	器官严重缺损或畸形，有严重功能障碍或并发症，存在特殊医疗依赖，或部分生活自理障碍：①精神病性症状，经系统治疗1年后仍表现为危险或冲动行为者；②精神病性症状，经系统治疗1年后仍缺乏生活自理能力者；③偏瘫肌力3级；④截瘫肌力3级；⑤双足全肌瘫肌力≤2级；⑥中度非肢体瘫运动障碍；⑦完全性失用、失写、失读、失认等具有两项及两项以上者；⑧全身重度瘢痕形成，占体表面积≥70%，伴有四肢大关节中2个以上活动功能受限；⑨面部瘢痕或植皮≥2/3并有中度毁容；⑩一手缺失，另一手拇指缺失；⑪双手拇、食指缺失或功能完全丧失；⑫一手功能完全丧失，另一手拇指功能完全丧失；⑬双髋、双膝关节中，有一个关节缺失或功能完全丧失及另一关节重度功能障碍；⑭双膝以下缺失或功能完全丧失；⑮一侧髋、膝关节畸形，功能完全丧失；⑯非同侧腕上、踝上缺失；⑰非同侧上、下肢瘢痕畸形，功能完全丧失；⑱一眼有或无光感，另眼矫正视力≤0.05或视野≤16%（半径≤10°）；⑲双眼矫正视力<0.05或视野≤16%（半径≤10°）；⑳一侧眼球摘除或眼内容物剜出，另眼矫正视力<0.1或视野≤24%（或半径≤15°）；㉑呼吸完全依赖气管套管或造口；㉒喉或气管损伤导致静止状态下或仅轻微活动即有呼吸困难；㉓同侧上、下颌骨完全缺损；㉔一侧上颌骨或下颌骨完全缺损，伴颜面部软组织损伤>$30cm^2$；㉕舌缺损>全舌的2/3；㉖一侧全肺切除并胸廓成形术；㉗一侧胸廓成形术，肋骨切除6根以上；㉘一侧全肺切除并隆凸切除成形术；㉙一侧全肺切除并大血管重建术；㉚Ⅲ度房室传导阻滞；㉛肝切除2/3，并肝功能中度损害；㉜胰次全切除，胰岛素依赖；㉝一侧肾切除，对侧肾功能不全失代偿期；㉞双侧输尿管狭窄，肾功能不全失代偿期；㉟永久性输尿管腹壁造瘘；㊱膀胱全切除；㊲尘肺三期；㊳尘肺二期伴肺功能中度损伤及（或）中度低氧血症；㊴尘肺二期合并活动性肺结核；㊵放射性肺炎后两叶肺纤维化，伴肺功能中度损伤及（或）中度低氧血症；㊶粒细胞缺乏症；㊷再生障碍性贫血；㊸职业性慢性白血病；㊹中毒性血液病，骨髓增生异常综合征；㊺中毒性血液病，严重出血或血小板含量≤2×10^{10}/L；㊻砷性皮肤癌；㊼放射性皮肤癌

续上表

劳动功能障碍等级	劳动功能障碍等级划分
四级	器官严重缺损或畸形，有严重功能障碍或并发症，存在特殊医疗依赖，或部分生活自理障碍或无生活自理障碍：①中度智能损伤；②重度癫痫；③精神病性症状，经系统治疗1年后仍缺乏社交能力者；④单肢瘫肌力≤2级；⑤双手部分肌瘫肌力≤2级；⑥脑脊液漏伴有颅底骨缺损不能修复或反复手术失败；⑦面部中度毁容；⑧全身瘢痕面积≥60%，四肢大关节中1个关节活动功能受限；⑨面部瘢痕或植皮≥1/2并有轻度毁容；⑩双拇指完全缺失或功能完全丧失；⑪一侧手功能完全丧失，另一手部分功能丧失；⑫一侧肘上缺失；⑬一侧膝以下缺失，另一侧前足缺失；⑭一侧膝以上缺失；⑮一侧踝以下缺失，另一足畸形行走困难；⑯一眼有或无光感，另眼矫正视力<0.2或视野≤32%（或半径≤20°）；⑰一眼矫正视力<0.05，另一眼矫正视力≤0.1；⑱双眼矫正视力<0.1或视野≤32%（或半径≤20°）；⑲双耳听力损失≥91dB；⑳牙关紧闭或因食管狭窄只能进流食；㉑一侧上颌骨缺损1/2，伴颜面部软组织损伤>20cm²；㉒下颌骨缺损长6cm以上的区段，伴口腔、颜面软组织损伤>20cm²；㉓双侧颞下颌关节骨性强直，完全不能张口；㉔面颊部洞穿性缺损>20cm²；㉕双侧完全性面瘫；㉖一侧全肺切除术；㉗双侧肺叶切除术；㉘肺叶切除后并胸廓成形术后；㉙肺叶切除并隆凸切除成形术后；㉚一侧肺移植术；㉛心瓣膜置换术后；㉜心功能不全二级；㉝食管重建术后吻合口狭窄，仅能进流食者；㉞全胃切除；㉟胰头、十二指肠切除；㊱小肠切除3/4；㊲小肠切除2/3，包括回盲部切除；㊳全结肠、直肠、肛门切除，回肠造瘘；㊴外伤后肛门排便重度障碍或失禁；㊵肝切除2/3；㊶肝切除1/2，肝功能轻度损害；㊷胆道损伤致肝功能中度损害；㊸甲状旁腺功能重度损害；㊹肾修补术后，肾功能不全失代偿期；㊺输尿管修补术后，肾功能不全失代偿期；㊻永久性膀胱造瘘；㊼重度排尿障碍；㊽神经源性膀胱，残余尿≥50mL；㊾双侧肾上腺缺损；㊿尘肺二期；(51)尘肺一期伴肺功能中度损伤及（或）中度低氧血症；(52)尘肺一期伴活动性肺结核；(53)病态窦房结综合征（需安装起搏器者）；(54)放射性损伤致肾上腺皮质功能明显减退；(55)放射性损伤致免疫功能明显减退
五级	器官大部缺损或明显畸形，有较重功能障碍或并发症，存在一般医疗依赖，无生活自理障碍：①四肢瘫肌力4级；②单肢瘫肌力3级；③双手部分肌瘫肌力3级；④一手全肌瘫肌力≤2级；⑤双足全肌瘫肌力3级；⑥完全运动性失语；⑦完全性失用、失写、失读、失认等具有一项者；⑧不完全性失用、失写、失读、失认等具有多项者；⑨全身瘢痕占体表面积≥50%，并有关节活动功能受限；⑩面部瘢痕或植皮≥1/3并有毁容标准中的一项；⑪脊柱骨折后遗30°以上侧弯或后凸畸形，伴严重根性神经痛；⑫一侧前臂缺失；⑬一手功能完全丧失；⑭肩、肘关节之一功能完全丧失；⑮一手拇指缺失，另一手除拇指外三指缺失；⑯一手拇指功能完全丧失，另一手除拇指外三指功能完全丧失；⑰双前足缺失或双前足瘢痕畸形，功能完全丧失；⑱双跟骨足底软组织缺损瘢痕形成，反复破溃；⑲一髋（或一膝）功能完全丧失；⑳四肢大关节之一人工关节术后遗留重度功能障碍；㉑一侧膝以下缺失；㉒第III对脑神经麻痹；㉓双眼外伤性青光眼术后，需用药物控制眼压者；㉔一眼有或无光感，另眼矫正视力≤0.3或视野≤40%（或半径≤25°）；㉕一眼矫正视力<0.05，另眼矫正视力≤0.2；㉖一眼矫正视力<0.1，另一眼矫正视力等于0.1；㉗双眼视野≤40%（或半径≤25°）；㉘双耳听力损失≥81dB；㉙喉或气管损伤导致一般活动及轻工作时有呼吸困难；㉚吞咽困难，仅能进半流食；㉛双侧喉返神经损伤，喉保护功能丧失致饮食呛咳、误吸；㉜一侧上颌骨缺损>1/4，但<1/2，伴软组织损伤>10cm²，但<20cm²；㉝下颌骨缺损长4cm以上的区段，伴口腔、颜面软组织损伤>10cm²；㉞一侧完全面瘫，另一侧不完全面瘫；㉟双肺叶切除术；㊱肺叶切除术并大血管重建术；㊲隆凸切除成形术；㊳食管重建术后吻合口狭窄，仅能进半流食者；㊴食管气管或支气管瘘；㊵食管胸膜瘘；㊶胃切除3/4；㊷小肠切除2/3，包括回肠大部分；㊸肛门、直肠、结肠部分切除，结肠造瘘；㊹肝切除1/2；㊺胰切除2/3；㊻甲状腺功能重度损害；㊼一侧肾切除，对侧肾功能不全代偿期；㊽一侧输尿管

续上表

劳动功能障碍等级	劳动功能障碍等级划分
五级	狭窄，肾功能不全代偿期；㊾尿道瘘不能修复者；㊿两侧睾丸、附睾缺损；51放射性损伤致生殖功能重度损伤；52阴茎全缺损；53双侧卵巢切除；54阴道闭锁；55会阴部瘢痕挛缩伴有阴道或尿道或肛门狭窄；56肺功能中度损伤或中度低氧血症；57莫氏Ⅱ型Ⅱ度房室传导阻滞；58病态窦房结综合征（不需安起搏器者）；59中毒性血液病，血小板减少（$\leqslant 4\times10^{10}$/L）并有出血倾向；60中毒性血液病，白细胞含量持续 $<3\times10^{9}$/L（$<3000/mm^{3}$）或粒细胞含量 $<1.5\times10^{9}$/L（$1500/mm^{3}$）；61慢性中度中毒性肝病；62肾功能不全失代偿期，内生肌酐清除率持续 <50mL/min，或血浆肌酐水平持续 >177μmol/L（2mg/dL）；63放射性损伤致睾丸萎缩；64慢性重度磷中毒；65重度手臂振动病
六级	器官大部缺损或明显畸形，有中等功能障碍或并发症，存在一般医疗依赖，无生活自理障碍：①癫痫中度；②轻度智能损伤；③精神病性症状，经系统治疗1年后仍影响职业劳动能力者；④三肢瘫肌力4级；⑤截瘫双下肢肌力4级伴轻度排尿障碍；⑥双手全肌瘫肌力4级；⑦一手全肌瘫肌力3级；⑧双足部分肌瘫肌力≤2级；⑨单足全肌瘫肌力≤2级；⑩轻度非肢体瘫运动障碍；⑪不完全性感觉性失语；⑫面部重度异物色素沉着或脱失；⑬面部瘢痕或植皮≥1/3；⑭全身瘢痕面积≥40%；⑮撕脱伤后头皮缺失1/5以上；⑯一手一拇指完全缺失，连同另一手非拇指二指缺失；⑰一拇指功能完全丧失，另一手除拇指外有二指功能完全丧失；⑱一手三指（含拇指）缺失；⑲除拇指外其余四指缺失或功能完全丧失；⑳一侧踝以下缺失；或踝关节畸形，功能完全丧失；㉑下肢骨折成角畸形>15°，并有肢体短缩4cm以上；㉒一前足缺失，另一足仅残留拇趾；㉓一前足缺失，另一足除拇趾外，2～5趾畸形，功能完全丧失；㉔一足功能完全丧失，另一足部分功能丧失；㉕一髋或一膝关节功能重度障碍；㉖单侧跟骨足底软组织缺损瘢痕形成，反复破溃；㉗一侧眼球摘除；或一侧眼球明显萎缩，无光感；㉘一眼有或无光感，另一眼矫正视力≥0.4；㉙一眼矫正视力≤0.05，另一眼矫正视力≥0.3；㉚一眼矫正视力≤0.1，另一眼矫正视力≥0.2；㉛双眼矫正视力≤0.2或视野≤48%（或半径≤30°）；㉜第Ⅳ或第Ⅵ对脑神经麻痹，或眼外肌损伤致复视的；㉝双耳听力损失≥71dB；㉞双侧前庭功能丧失，睁眼行走困难，不能并足站立；㉟单侧或双侧颞下颌关节强直，张口困难Ⅲ度；㊱一侧上颌骨缺损1/4，伴口腔颜面软组织损伤>$10cm^{2}$；㊲面部软组织缺损>$20cm^{2}$，伴发涎瘘；㊳舌缺损>舌的1/3，但<舌的2/3；㊴双侧颧骨并颧弓骨折，伴有开口困难Ⅱ度以上及颜面部畸形经手术复位者；㊵双侧下颌骨髁状突颈部骨折，伴有开口困难Ⅱ度以上及咬合关系改变，经手术治疗者；㊶一侧完全性面瘫；㊷肺叶切除并肺段或楔形切除术；㊸肺叶切除并支气管成形术后；㊹支气管（或气管）胸膜瘘；㊺冠状动脉旁路移植术；㊻大血管重建术；㊼胃切除2/3；㊽小肠切除1/2，包括回盲部；㊾肛门外伤后排便轻度障碍或失禁；㊿肝切除1/3；51胆道损伤致肝功能轻度损伤；52腹壁缺损面积≥腹壁的1/4；53胰切除1/2；54甲状腺功能中度损害；55甲状旁腺功能中度损害；56肾损伤性高血压；57尿道狭窄经系统治疗1年后仍需定期行扩张术；58膀胱部分切除合并轻度排尿障碍；59两侧睾丸创伤后萎缩，血睾酮低于正常值；60放射性损伤致生殖功能轻度损伤；61双侧输精管缺损，不能修复；62阴茎部分缺损；63女性双侧乳房切除或严重瘢痕畸形；64子宫切除；65双侧输卵管切除；66尘肺壹期伴肺功能轻度损伤及（或）轻度低氧血症；67放射性肺炎后肺纤维化（<两叶），伴肺功能轻度损伤及（或）轻度低氧血症；68其他职业性肺部疾患，伴肺功能轻度损伤；69白血病完全缓解；70中毒性肾病，持续性低分子蛋白尿伴白蛋白尿；71中毒性肾病，肾小管浓缩功能减退；72放射性损伤致肾上腺皮质功能轻度减退；73放射性损伤致甲状腺功能低下；74减压性骨坏死Ⅲ期；75中度手臂振动病；76氟及其无机化合物中毒慢性重度中毒

续上表

劳动功能障碍等级	劳动功能障碍等级划分
七级	器官大部缺损或畸形，有轻度功能障碍或并发症，存在一般医疗依赖，无生活自理障碍：①偏瘫肌力4级；②截瘫肌力4级；③单手部分肌瘫肌力3级；④双足部分肌瘫肌力3级；⑤单足全肌瘫肌力3级；⑥中毒性周围神经病致深感觉障碍；⑦人格改变或边缘智能，经系统治疗1年后仍存在明显社会功能受损者；⑧不完全性运动性失语；⑨不完全性失用、失写、失读和失认等具有一项者；⑩符合重度毁容标准中的两项者；⑪烧伤后颅骨全层缺损≥30cm^2，或在硬脑膜上植皮面积≥10cm^2；⑫颈部瘢痕挛缩，影响颈部活动；⑬全身瘢痕面积≥30%；⑭面部瘢痕、异物或植皮伴色素改变占面部的10%以上；⑮骨盆骨折内固定术后，骨盆环不稳定，骶髂关节分离；⑯一手除拇指外，其他2～3指（含食指）近侧指间关节离断；⑰一手除拇指外，其他2～3指（含食指）近侧指间关节功能完全丧失；⑱肩、肘关节之一损伤后遗留关节重度功能障碍；⑲一腕关节功能完全丧失；⑳一足1～5趾缺失；㉑一前足缺失；㉒四肢大关节之一人工关节术后，基本能生活自理；㉓四肢大关节之一关节内骨折导致创伤性关节炎，遗留中重度功能障碍；㉔下肢伤后短缩>2cm，但≤4cm者；㉕膝关节韧带损伤术后关节不稳定，伸屈功能正常者；㉖一眼有或无光感，另一眼矫正视力≥0.8；㉗一眼有或无光感，另一眼各种客观检查正常；㉘一眼矫正视力≤0.05，另眼矫正视力≥0.6；㉙一眼矫正视力≤0.1，另眼矫正视力≥0.4；㉚双眼矫正视力≤0.3或视野≤64%（或半径≤40°）；㉛单眼外伤性青光眼术后，需用药物控制眼压者；㉜双耳听力损失≥56dB；㉝咽成形术后，咽下运动不正常；㉞牙槽骨损伤长度≥8cm，牙齿脱落10个及以上；㉟单侧颧骨并颧弓骨折，伴有开口困难Ⅱ度以上及颜面部畸形经手术复位者；㊱双侧不完全性面瘫；㊲肺叶切除术；㊳限局性脓胸行部分胸廓成形术；㊴气管部分切除术；㊵食管重建术后伴反流性食管炎；㊶食管外伤或成形术后咽下运动不正常；㊷胃切除1/2；㊸小肠切除1/2；㊹结肠大部分切除；㊺肝切除1/4；㊻胆道损伤，胆肠吻合术后；㊼脾切除；㊽胰切除1/3；㊾女性两侧乳房部分缺损；㊿一侧肾切除；51膀胱部分切除；52轻度排尿障碍；53阴道狭窄；54尘肺一期，肺功能正常；55放射性肺炎后肺纤维化（两叶），肺功能正常；56轻度低氧血症；57心功能不全一级；58再生障碍性贫血完全缓解；59白细胞减少症，含量持续<4×10^9/L（4000/mm^3）；60中性粒细胞减少症，含量持续<2×10^9/L（2000/mm^3）；61慢性轻度中毒性肝病；62肾功能不全代偿期，内生肌酐清除率<70mL/min；63三度牙酸蚀病
八级	器官部分缺损，形态异常，轻度功能障碍，存在一般医疗依赖，无生活自理障碍：①单肢体瘫肌力4级；②单手全肌瘫肌力4级；③双手部分肌瘫肌力4级；④双足部分肌瘫肌力4级；⑤单足部分肌瘫肌力≤3级；⑥脑叶部分切除术后；⑦符合重度毁容标准中的一项者；⑧面部烧伤植皮≥1/5；⑨面部轻度异物沉着或色素脱失；⑩双侧耳郭部分或一侧耳郭大部分缺损；⑪全身瘢痕面积≥20%；⑫一侧或双侧眼睑明显缺损；⑬脊椎压缩性骨折，椎体前缘高度减少1/2以上者或脊椎不稳定性骨折；⑭3个及以上节段脊柱内固定术；⑮一手除拇、食指外，有两指近侧指间关节离断；⑯一手除拇、食指外，有两指近侧指间关节功能完全丧失；⑰一拇指指间关节离断；⑱一拇指指间关节畸形，功能完全丧失；⑲一足拇趾缺失，另一足非拇趾一趾缺失；⑳一足拇趾畸形，功能完全丧失，另一足非拇趾一趾畸形；㉑一足除拇趾外，其他三趾缺失；㉒一足除拇趾外，其他四趾瘢痕畸形，功能完全丧失；㉓因开放骨折感染形成慢性骨髓炎，反复发作者；㉔四肢大关节之一关节内骨折导致创伤性关节炎，遗留轻度功能障碍；㉕急性放射皮肤损伤Ⅳ度及慢性放射性皮肤损伤手术治疗后影响肢体功能；㉖放射性皮肤溃疡经久不愈者；㉗一眼矫正视力≤0.2，另眼矫正视力≥0.5；㉘双眼矫正视力等于0.4；㉙双眼视野≤80%（或半径≤50°）；㉚一侧或双侧睑外翻或睑闭合不全者；㉛上睑下垂盖及瞳孔1/3者；㉜睑球粘连影响眼球转动者；㉝外伤性青光眼行抗青光眼手术后眼压控制正常者；㉞双耳听力损失≥41dB或一耳≥91dB；㉟喉或气管损伤导致体力劳动时有呼吸困难；㊱喉源性损伤导致发声及言语困难；㊲牙槽骨损伤长度≥6cm，牙齿脱落8个及以上者；

续上表

劳动功能障碍等级	劳动功能障碍等级划分
八级	㊳舌缺损＜舌的1/3；㊴双侧鼻腔或鼻咽部闭锁；㊵双侧颞下颌关节强直，张口困难Ⅱ度；㊶上、下颌骨骨折，经牵引、固定治疗后有功能障碍者；㊷双侧颧骨并颧弓骨折，无开口困难，颜面部凹陷畸形不明显，不需手术复位；㊸肺段切除术；㊹支气管成形术；㊺双侧≥3根肋骨骨折致胸廓畸形；㊻膈肌破裂修补术后，伴膈神经麻痹；㊼心脏、大血管修补术；㊽心脏异物滞留或异物摘除术；㊾肺功能轻度损伤；㊿食管重建术后，进食正常者；(51)胃部分切除；(52)小肠部分切除；(53)结肠部分切除；(54)肝部分切除；(55)腹壁缺损面积＜腹壁的1/4；(56)脾部分切除；(57)胰部分切除；(58)甲状腺功能轻度损害；(59)甲状旁腺功能轻度损害；(60)尿道修补术；(61)一侧睾丸、附睾切除；(62)一侧输精管缺损，不能修复；(63)脊髓神经周围神经损伤，或盆腔、会阴手术后遗留性功能障碍；(64)一侧肾上腺缺损；(65)单侧输卵管切除；(66)单侧卵巢切除；(67)女性单侧乳房切除或严重瘢痕畸形；(68)其他职业性肺疾患，肺功能正常；(69)中毒性肾病，持续低分子蛋白尿；(70)慢性中度磷中毒；(71)氟及其无机化合物中毒慢性中度中毒；(72)减压性骨坏死Ⅱ期；(73)轻度手臂振动病；(74)二度牙酸蚀
九级	器官部分缺损，形态异常，轻度功能障碍，无医疗依赖或者存在一般医疗依赖，无生活自理障碍：①癫痫轻度；②中毒性周围神经病致浅感觉障碍；③脑挫裂伤无功能障碍；④开颅手术后无功能障碍；⑤颅内异物无功能障碍；⑥颈部外伤致颈总、颈内动脉狭窄，支架置入或血管搭桥手术后无功能障碍；⑦符合中度毁容标准中的两项或轻度毁容者；⑧发际边缘瘢痕性秃发或其他部位秃发，需戴假发者；⑨全身瘢痕占体表面积≥5%；⑩面部有≥8cm^2或3处以上≥1cm^2的瘢痕；⑪两个以上横突骨折；⑫脊椎压缩骨折，椎体前缘高度减少小于1/2者；⑬椎间盘髓核切除术后；⑭1~2节脊柱内固定术；⑮一拇指末节部分1/2缺失；⑯一手食指2~3节缺失；⑰一拇指指间关节僵直于功能位；⑱除拇指外，余3~4指末节缺失；⑲一足拇趾末节缺失；⑳除拇趾外其他二趾缺失或瘢痕畸形，功能不全；㉑跖骨或跗骨骨折影响足弓者；㉒外伤后膝关节半月板切除、髌骨切除、膝关节交叉韧带修补术后；㉓四肢长管状骨骨折内固定或外固定支架术后；㉔髌骨、跟骨、距骨、下颌骨或骨盆骨折内固定术后；㉕第Ⅴ对脑神经眼支麻痹；㉖眶壁骨折致眼球内陷、两眼球突出度相差＞2mm或错位变形影响外观者；㉗一眼矫正视力≤0.3，另眼矫正视力＞0.6；㉘双眼矫正视力等于0.5；㉙泪器损伤，手术无法改进溢泪者；㉚双耳听力损失≥31dB或一耳损失≥71dB；㉛喉源性损伤导致发声及言语不畅；㉜铬鼻病有医疗依赖；㉝牙槽骨损伤长度＞4cm，牙脱落4个及以上；㉞上、下颌骨骨折，经牵引、固定治疗后无功能障碍者；㉟一侧下颌骨髁状突颈部骨折；㊱一侧颧骨并颧弓骨折；㊲肺内异物滞留或异物摘除术；㊳限局性脓胸行胸膜剥脱术；㊴胆囊切除；㊵一侧卵巢部分切除；㊶乳腺成形术；㊷胸、腹腔脏器探查术或修补术后
十级	器官部分缺损，形态异常，无功能障碍或轻度功能障碍，无医疗依赖或者存在一般医疗依赖，无生活自理障碍：①符合中度毁容标准中的一项者；②面部有瘢痕，植皮，异物色素沉着或脱失＞2cm^2；③全身瘢痕面积＜5%，但≥1%；④急性外伤导致椎间盘髓核突出，并伴神经刺激征者；⑤一手指除拇指外，任何一指远侧指间关节离断或功能丧失；⑥指端植皮术后（增生性瘢痕1cm^2以上）；⑦手背植皮面积＞50cm^2，并有明显瘢痕；⑧手掌、足掌植皮面积＞30%者；⑨除拇趾外，任何一趾末节缺失；⑩足背植皮面积＞100cm^2；⑪膝关节半月板损伤、膝关节交叉韧带损伤未做手术者；⑫身体各部位骨折愈合后无功能障碍或轻度功能障碍；⑬四肢大关节肌腱及韧带撕裂伤术后遗留轻度功能障碍；⑭一手或两手慢性放射性皮肤损伤Ⅱ度及Ⅱ度以上者；⑮一眼矫正视力≤0.5，另一眼矫正视力≥0.8；⑯双眼矫正视力≤0.8；⑰一侧或双侧睑外翻或睑闭合不全行成形手术后矫正者；⑱上睑下垂盖及瞳孔1/3行成形手术后矫正者；⑲睑球粘连影响眼球转动行成形手术后矫正者；⑳职业性及外伤性白内障术后人工晶状体眼，矫正视力正常者；㉑职业性及外伤性白内障Ⅰ度~Ⅱ度（或轻度、中度），矫正视力正常者；

续上表

劳动功能障碍等级	劳动功能障碍等级划分
十级	㉒晶状体部分脱位；㉓眶内异物未取出者；㉔眼球内异物未取出者；㉕外伤性瞳孔放大；㉖角巩膜穿通伤治愈者；㉗双耳听力损失≥26dB，或一耳≥56dB；㉘双侧前庭功能丧失，闭眼不能并足站立；㉙铬鼻病（无症状者）；㉚嗅觉丧失；㉛牙齿除智齿以外，切牙脱落1个以上或其他牙脱落2个以上；㉜一侧颞下颌关节强直，张口困难Ⅰ度；㉝鼻窦或面颊部有异物未取出；㉞单侧鼻腔或鼻孔闭锁；㉟鼻中隔穿孔；㊱一侧不完全性面瘫；㊲血、气胸行单纯闭式引流术后，胸膜粘连增厚；㊳腹腔脏器挫裂伤保守治疗后；㊴乳腺修补术后；㊵放射性损伤致免疫功能轻度减退；㊶慢性轻度磷中毒；㊷氟及其无机化合物中毒慢性轻度中毒；㊸井下工人滑囊炎；㊹减压型骨坏死1期；㊺一度牙酸蚀病；㊻职业性皮肤病久治不愈

(3)生活自理障碍分为三个等级：生活完全不能自理、生活大部分不能自理和生活部分不能自理。见表6-3。

生活自理障碍等级 表6-3

生活自理障碍等级	生活自理障碍等级划分
生活完全不能自理	生活不能自理，进食、翻身、大小便、穿衣洗漱、自我移动5项均不能自理的情形
生活大部分不能自理	指进食、翻身、大小便、穿衣洗漱、自我移动5项中的3项不能自理的情形
生活部分不能自理	指进食、翻身、大小便、穿衣洗漱、自我移动5项中的1项不能自理的情形

(4)职工发生工伤，经治疗伤情相对稳定后存在残疾、影响劳动能力的，应当进行劳动能力鉴定。劳动能力鉴定由用人单位、工伤职工或者其近亲属向设区的市级劳动能力鉴定委员会提出申请。

(5)申报劳动能力鉴定所需的常规材料及要求

①劳动能力鉴定申请表。

②工伤认定决定书原件及复印件。

③携带被鉴定人本人身份证原件复印件。

七、工伤待遇

(1)职工因工作遭受事故伤害或者患职业病进行治疗，享受工伤医疗待遇。

①工伤职工应在签订服务协议的医疗机构就医（急救除外）；治疗工伤所需费用符合工伤保险诊疗项目目录、工伤保险药品目录、工伤保险住院服务标准的，从工伤保险基金支付。工伤保险诊疗项目目录、工伤保险药品目录、工伤保险住院服务标准，由国务院社会保险行政部门会同国务院卫生行政部门、食品药品监督管理部门等部门规定。

②住院治疗期间伙食补助费参照统筹地区人民政府规定的标准，由工伤保险基金支付。

③工伤职工经医疗机构出具证明，报经办机构同意，到统筹区以外就医的交通费、食宿费，参照统筹地区人民政府规定，由工伤保险基金支付。

④工伤职工治疗非工伤引发的疾病，不享受工伤医疗待遇，按照基本医疗保险办法处理。

⑤工伤职工在签订服务协议的医疗机构康复的费用，由工伤保险基金支付。

⑥工伤职工经劳动能力鉴定委员会确认,可以安装假肢、矫形器、假眼、假牙和配置轮椅等辅助器具,费用由工伤保险基金支付。

⑦工伤治疗期内护理费由所在单位负责。

⑧社会保险行政部门作出认定为工伤的决定后发生行政复议、行政诉讼的,行政复议和行政诉讼期间不停止支付工伤职工治疗工伤的医疗费用。

⑨职工因工作遭受事故伤害或者患职业病需要暂停工作接受工伤医疗的,在停工留薪期内,原工资福利待遇不变,由所在单位按月支付。停工留薪期一般不超过 12 个月。伤情严重或者情况特殊,经设区的市级劳动能力鉴定委员会确认,可以适当延长,但延长不得超过 12 个月。工伤职工评定伤残等级后,停发原待遇,按照有关规定享受伤残待遇。工伤职工在停工留薪期满后仍需治疗的,继续享受工伤医疗待遇。生活不能自理的工伤职工在停工留薪期需要护理的,由所在单位负责。

⑩当用人单位未在规定时限内提出工伤认定申请、治疗非工伤疾病、在非工伤保险协议医疗机构治疗、工伤保险目录规定外的费用等工伤保险不予赔付。见表 6-4。

工伤保险不予赔付的情形 表 6-4

序　号	不予赔付的情形
1	用人单位未在规定时限内提出工伤认定申请的
2	治疗非工伤疾病的
3	在非工伤保险协议医疗机构治疗的(急救除外)
4	工伤保险目录规定外的
5	未经批准的特殊检查、特殊治疗等
6	无相关病历记录的
7	不符合住院条件的住院医疗费用
8	其他不符合规定的

(2)工伤职工评定伤残等级后,停发原待遇,享受伤残待遇。

①工伤职工已经评定伤残等级并经劳动能力鉴定委员会确认需要生活护理的,从工伤保险基金按月支付生活护理费。生活护理费按照生活完全不能自理、生活大部分不能自理或者生活部分不能自理 3 个不同等级支付,其标准分别为统筹地区上年度职工月平均工资的 50%、40%或者 30%。见表 6-5。

生活护理费待遇 表 6-5

项　目	等　级	条件或支付标准	支付单位
生活护理费	生活完全不能自理	统筹地区上年度职工月平均工资的 50%	工伤保险基金按月支付
	生活大部分不能自理	统筹地区上年度职工月平均工资的 40%	
	生活部分不能自理	统筹地区上年度职工月平均工资的 30%	

②职工因工致残被鉴定为一级至四级伤残的,保留劳动关系,退出工作岗位,享受以下待遇:

a. 从工伤保险基金按伤残等级支付一次性伤残补助金,标准为:一级伤残为 27 个月的本人工资,二级伤残为 25 个月的本人工资,三级伤残为 23 个月的本人工资,四级伤残为 21 个月的本人工资。

b. 从工伤保险基金按月支付伤残津贴,标准为:一级伤残为本人工资的 90%,二级伤残为本人工资的 85%,三级伤残为本人工资的 80%,四级伤残为本人工资的 75%。伤残津贴实际金额低于当地最低工资标准的,由工伤保险基金补足差额。

c. 工伤职工达到退休年龄并办理退休手续后,停发伤残津贴,按照国家有关规定享受基本养老保险待遇。基本养老保险待遇低于伤残津贴的,由工伤保险基金补足差额。

职工因工致残被鉴定为一级至四级伤残的,由用人单位和职工个人以伤残津贴为基数,缴纳基本医疗保险费。

③职工因工致残被鉴定为五级、六级伤残的,享受以下待遇:

a. 从工伤保险基金按伤残等级支付一次性伤残补助金,标准为:五级伤残为 18 个月的本人工资,六级伤残为 16 个月的本人工资。

b. 保留与用人单位的劳动关系,由用人单位安排适当工作。难以安排工作的,由用人单位按月发给伤残津贴,标准为:五级伤残为本人工资的 70%,六级伤残为本人工资的 60%,并由用人单位按照规定为其缴纳应缴纳的各项社会保险费。伤残津贴实际金额低于当地最低工资标准的,由用人单位补足差额。

经工伤职工本人提出,该职工可以与用人单位解除或者终止劳动关系,由工伤保险基金支付一次性工伤医疗补助金,由用人单位支付一次性伤残就业补助金。一次性工伤医疗补助金和一次性伤残就业补助金的具体标准由省、自治区、直辖市人民政府规定。

④职工因工致残被鉴定为七级至十级伤残的,享受以下待遇:

a. 从工伤保险基金按伤残等级支付一次性伤残补助金,标准为:七级伤残为 13 个月的本人工资,八级伤残为 11 个月的本人工资,九级伤残为 9 个月的本人工资,十级伤残为 7 个月的本人工资。

b. 劳动、聘用合同期满终止,或者职工本人提出解除劳动、聘用合同的,由工伤保险基金支付一次性工伤医疗补助金,由用人单位支付一次性伤残就业补助金。一次性工伤医疗补助金和一次性伤残就业补助金的具体标准由省、自治区、直辖市人民政府规定。

⑤职工因工死亡或伤残职工在停工留薪期内因工伤导致死亡的,其近亲属按照下列规定从工伤保险基金领取丧葬补助金、供养亲属抚恤金和一次性工亡补助金:

a. 丧葬补助金为 6 个月的统筹地区上年度职工月平均工资。

b. 供养亲属抚恤金按照职工本人工资的一定比例发给由因工死亡职工生前提供主要生活来源、无劳动能力的亲属。标准为:配偶每月 40%,其他亲属每人每月 30%,孤寡老人或者孤儿每人每月在上述标准的基础上增加 10%。核定的各供养亲属的抚恤金之和不应高于因工死亡职工生前的工资。供养亲属的具体范围由国务院社会保险行政部门规定。

c. 一次性工亡补助金标准为上一年度全国城镇居民人均可支配收入的 20 倍。

一级至四级伤残职工在停工留薪期满后死亡的,其近亲属从工伤保险基金领取丧葬补助金、供养亲属抚恤金。

⑥伤残津贴、供养亲属抚恤金、生活护理费由统筹地区社会保险行政部门根据职工平均工资和生活费用变化等情况适时调整。调整办法由省、自治区、直辖市人民政府规定。

⑦职工因工外出期间发生事故或者在抢险救灾中下落不明的,从事故发生当月起 3 个月

内照发工资，从第4个月起停发工资，由工伤保险基金向其供养亲属按月支付供养亲属抚恤金。生活有困难的，可以预支一次性工亡补助金的50%。职工被人民法院宣告死亡的，按照《工伤保险条例》（国务院令第586号）中职工因工死亡的有关规定规定处理。

⑧工伤职工有下列情形之一的，停止享受工伤保险待遇：

a. 丧失享受待遇条件的。

b. 拒不接受劳动能力鉴定的。

c. 拒绝治疗的。

第二节　建筑职工意外伤害保险

建筑施工单位除依法参加工伤保险外，还应当为施工现场从事管理和作业的人员购买意外伤害保险，保险费由施工单位支付。

建筑意外伤害保险实行不记名和不计人数的方式，以工程项目为保险单元，房屋建筑工程以建筑面积为保险费计算基础，市政基础设施工程和其他建设工程以合同总造价为保险费计算基础。施工企业和保险公司应本着平等协商的原则，根据各类风险因素商定建筑意外伤害保险费率，提倡差别费率和浮动费率。差别费率可与工程规模、类型、工程项目风险程度、施工现场环境和每一个被保险人的身故保险金额和残疾保险金额情况等因素挂钩，由施工企业与保险公司共同约定。

保险期限为工程施工合同约定的开工时间至竣工时间，提前竣工的工程保险责任自竣工验收之日起自行终止。因故延长工期的工程，施工企业必须在保险合同规定的期限内办理续保手续。提前或延期竣工的工程，保险费原则上不作调整，如需要调整，由施工企业与保险公司自行约定。工程停工和复工时，应在保险公司办理保险责任暂时中止或复效手续。保险责任中止期间，保险公司不承担保险责任，不计算保险公司的责任期限。已办理复效手续的，建筑意外伤害保险责任时间相应顺延。

建筑职工意外伤害保险内容及最低保险金额应当达到相关行业主管部门的规定。以广东省为例，应办理被保险人自建筑意外伤害发生之日起180日内以该次意外伤害事故为直接原因死亡的身故保险、被保险人自建筑意外伤害发生之日起180日内以该次建筑意外伤害事故为直接原因致残的残疾保险。每一被保险人的建筑意外伤害保险金额不少于10万元。

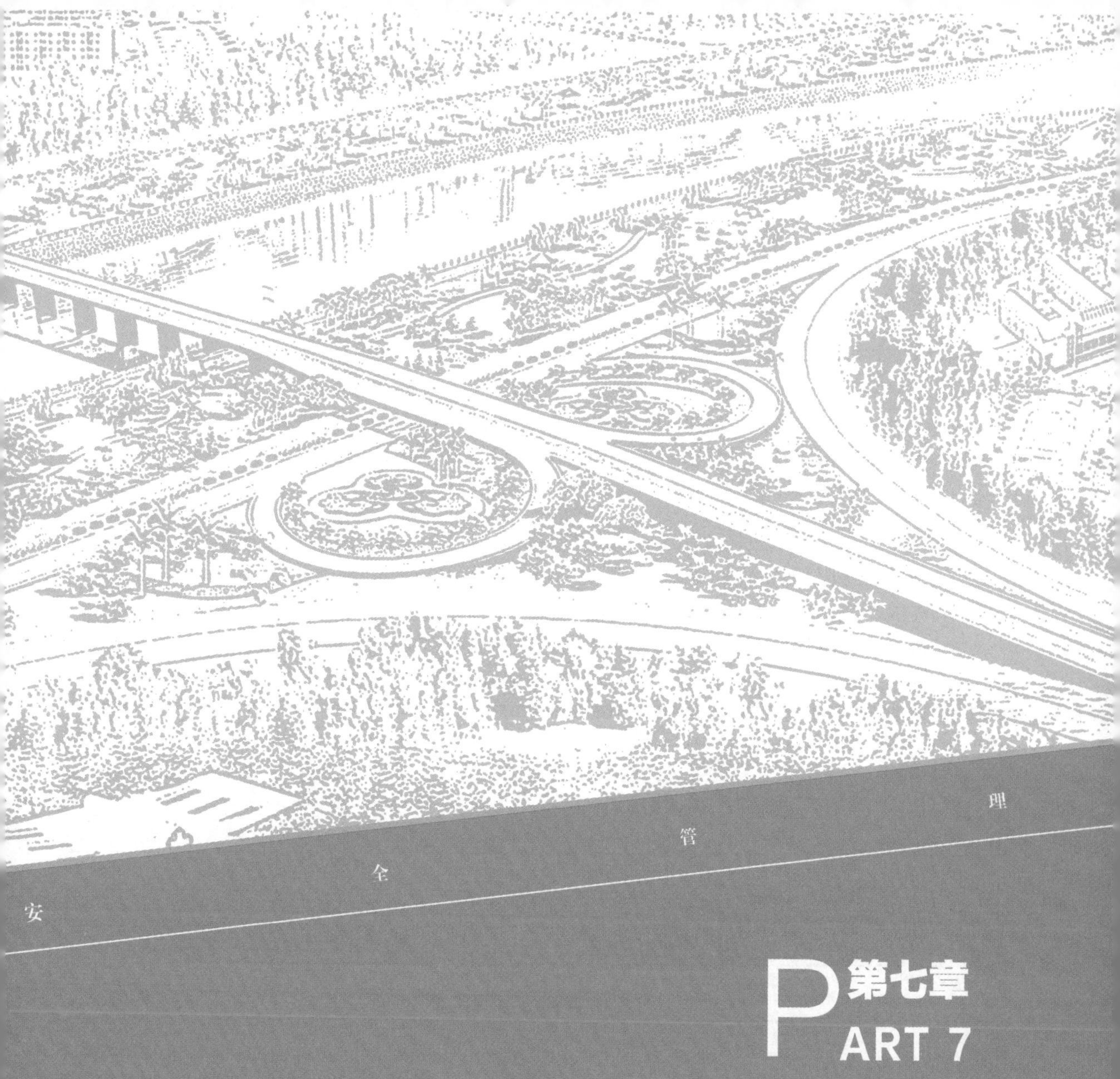

安　全　管　理

第七章 PART 7

施工现场消防管理

第一节　消防工作方针与基本任务

消防工作是预防和扑灭火灾工作的总称。我国消防工作实施“预防为主,防消结合”的方针。消防工作的基本任务是:①消除火灾、爆炸隐患;②限制火灾、爆炸的蔓延和扩大;③保证安全出口和逃生通道畅通;④按照“四不放过”原则对火灾、爆炸事故进行处理。

第二节　火灾的概念与分类

火灾是指在时间或空间上失去控制的燃烧所造成的灾害。燃烧,是指可燃物与氧化剂作用发生的放热反应,通常伴有火焰、发光和(或)发烟现象。

火灾按燃烧对象可分为A、B、C、D、E、F六大类。见表7-1。

按造成的灾害损失程度,可分为特别重大、重大、较大、一般火灾4个等级。见表7-2。

火灾类型　表7-1

火灾类型	内　容	举　例
A类	固体物质火灾	木材、棉、毛、麻、纸张等
B类	液体或可熔化固体物质火灾	汽油、原油、煤油、甲醇、乙醇、石蜡等
C类	气体火灾	煤气、天然气、甲烷、乙烷、氢气、乙炔等
D类	金属火灾	钾、钠、镁、锆、锂等
E类	电气火灾	变压器等设备的电气火灾
F类	烹饪器具内的烹饪物火灾	动植物油脂、炒菜锅着火等

火灾按造成的损失程度分类　表7-2

等级	内　容
特别重大火灾	造成30人以上死亡或者100人以上重伤,或者一亿元以上直接财产损失
重大火灾	造成10以上30人以下死亡或50人以上100人以下重伤,或者5000万元以上一亿元以下直接财产损失
较大火灾	造成3人以上10以下死亡或10人以上50人以下重伤,或者1000万元以上5000万元以下直接财产损失
一般火灾	造成3人以下死亡或10人以下重伤,或者1000万元以下直接财产损失

注:以上包含本数,以下不包含本数。

根据公路工程施工特点,易发生火灾的场所和部位主要有:临时驻地,可燃材料、易燃易爆品库房及临时存放点,动火、用电、用气作业区以及瓦斯隧道等。

第三节　消防器材与设施基本知识

一、灭火器

(1)灭火器的类型应与配备场所的可能火灾类型相匹配。见表7-3。

灭火器选型

表 7-3

火灾类型	水基型(水雾)灭火器	水基型(泡沫)灭火器	ABC 干粉灭火器	BC 类干粉灭火器	洁净气体灭火器	二氧化碳灭火器	7150 灭火器
A 类火灾	√	√	√				
B 类火灾	√	√	√	√	√		
C 类火灾	√		√		√	√	
D 类火灾							√
E 类火灾	√ (可以使用)		√ (可以使用)		√ (优先使用)	√(优先使用) 注①	
F 类火灾	√	√		√			

注:①为了防止短路或触电,不得选用装有喇叭金属喷筒的二氧化碳灭火器;如果电压超过 600V,应先断电后灭火。

②灭火器的最低配置标准应符合《建筑灭火器配置设计规范》(GB 50140—2005)中有关要求。见表 7-4。

灭火器的最低配置标准

表 7-4

起火类型 \ 起火场所 \ 危险等级		严重危险级		中危险级	轻危险级	
		易燃易爆化学品库房、氧气乙炔站	动火作业场所	可燃物存放及使用场所、柴油库、变配电房(室)、锅炉房	自备发电机房、配电房等设备用房	施工现场办公、生活用房
固体物质火灾	单具灭火器的最小灭火级别	3A	3A	2A	2A	1A
	单具灭火器级别的最大保护面积(m^2/A)	50	50	75	100	100
液体或气体火灾	单具灭火器的最小灭火级别	89B	89B	55B	21B	21B
	单具灭火器级别的最大保护面积(m^2/B)	0.5	0.5	1.0	1.5	1.5
带电火灾	单具灭火器的最小灭火级别	3A 或 89B		2A 或 55B	1A 或 21B	
	单具灭火器级别的最大保护面积	50m^2/A 或 0.5m^2/B		75m^2/A 或 1.0m^2/B	100m^2/A 或 1.5m^2/B	

(2)在同一灭火器配置场所,宜选用相同类型和操作方法的灭火器。当同一灭火器配置场所存在不同火灾种类时,应选用通用型灭火器。在同一灭火器配置场所,当选用两种或两种以上类型灭火器时,应采用灭火剂相容的灭火器。需要特别注意的是:酸碱型灭火器、化学泡沫灭火器、倒置使用型灭火器以及氯溴甲烷、四氯化碳灭火器这四类灭火器已被淘汰。

(3)灭火器应设置在位置明显和便于取用的地点,且不得影响安全疏散。对有视线障碍的灭火器设置点,应设置指示其位置的发光标志。灭火器的摆放应稳固,其铭牌应朝外。手提式灭火器宜设置在灭火器箱内或挂钩、托架上,其顶部离地面高度不应大于 1.50m;底部离地面高度不宜小于0.08m。灭火器箱不得上锁。灭火器不宜设置在潮湿或强腐蚀性的地点，当必须设置时，应有相应的保护措施。灭火器设置在室外时，应有相应的保护措施。灭火器不得设置在超出其使用温度范围的地点。

二、临时消防给水系统

(1)临时消防给水系统的消防水源应满足临时消防用水的基本需求，可采用市政管网或天然水源。当采用天然水源时，应采取措施确保冰冻季节、枯水期最低水位时顺利取水，并满足临时消防用水量的要求。临时消防用水量应为临时室外消防用水量与临时室内消防用水量之和。室外消防用水量应按临建区和在建工程临时室外消防用水量的较大者确定，火灾次数可按同时发生1次考虑，临建区和在建工程区的室外消防用水量不得小于《建设工程施工现场消防安全技术规范》中的规定。临时用房建筑面积之和大于1000m^2或在建工程单体体积大于10000m^3时，应设置临时室外消防给水系统。建筑高度大于24m或单体体积超过30000m^3的在建工程，应设置临时室内消防给水系统。见表7-5～表7-7。

临时用房的临时室外消防用水量　　表7-5

临时用房的建筑面积之和	火灾延续时间(h)	消火栓用水量(L/s)	每支水枪最小流量(L/s)
1000m^2 < 面积 ≤ 5000m^2	1	10	5
面积 > 5000m^2		15	5

在建工程的临时室外消防用水量　　表7-6

在建工程(单体)体积	火灾延续时间(h)	消火栓用水量(L/s)	每支水枪最小流量(L/s)
10000m^2 < 面积 ≤ 30000m^2	1	15	5
面积 > 30000m^2	2	20	5

在建工程的临时室内消防用水量　　表7-7

建筑高度、在建工程体积(单体)	火灾延续时间(h)	消火栓用水量(L/s)	每支水枪最小流量(L/s)
24m < 建筑高度 ≤ 50m，或30000m^2 < 面积 ≤ 50000m^2	1	10	5
建筑高度 > 50m，或面积 > 50000m^2	1	15	5

(2)给水管网宜布置成环状。临时室外消防给水干管的管径，应根据施工现场临时消防用水量和干管内水流计算速度计算确定，且不应小于DN100。室外消火栓应沿在建工程、临时用房及可燃材料堆场及其加工场均匀布置，距在建工程、临时用房及可燃材料堆场及其加工场的外边线不应小于5m，室外消火栓的间距不应大于120m，室外消火栓的最大保护半径不应大于150m。

(3)临时消防给水系统的给水压力应满足消防水枪充实水柱长度不小于10m的要求，给水压力不能满足要求时，应设置消火栓泵，消火栓泵应按照“一用一备”的要求进行配置，消火栓泵宜设置自动启动装置。当外部消防水源不能满足施工现场的临时消防用水要求时，应在施工现场设置临时储水池。临时储水池宜设置在便于消防车取水的部位，其有效容积不应小于施工现场火灾延续时间内一次灭火的全部消防用水量。

三、消防电气

(1)施工现场的取水泵和消火栓泵应采用专用配电线路,专用配电线路应自施工现场总配电箱的总断路器上端接入,并应保持连续不间断供电。

(2)施工现场发生火灾时仍需坚持工作的场所,如自备发电机房及变配电房、水泵房、无天然采光的作业场所及疏散通道、发生火灾时仍需坚持工作的其他场所等应配备临时应急照明,其照度值不应低于正常工作所需照度的 90%,疏散通道的照度值不应小于 0.5lx。

(3)临时消防应急照明灯具宜选用自带蓄电池的应急照明灯具,蓄电池的连续供电时间不应小于 1h。

第四节　消防管理职责

一、建设单位

(1)建设单位不得要求设计、施工、工程监理等有关单位和人员违反消防法规和国家工程建设消防技术标准,降低建设工程消防设计、施工质量。

(2)依法应当经消防设计审核、消防验收的建设工程,未经审核或者审核不合格的,不得组织施工;未经验收或者验收不合格的,不得交付使用。

二、监理单位

(1)监理单位应对施工现场的消防安全管理实施监理。

(2)在消防产品和具有防火性能要求的建筑构件、建筑材料、装修材料施工安装前,核查产品质量证明文件,不得同意使用或者安装不合格的消防产品和防火性能不符合要求的建筑构件、建筑材料、装修材料。

(3)参加建设单位组织的建设工程竣工验收,对建设工程消防施工质量签字确认。

三、施工单位

(1)施工现场的消防安全管理由施工单位负责。实行施工总承包的,由总包单位负责。依法分包的,分包单位应服从总包单位的管理并承担相应的消防责任和义务。

(2)施工单位应落实消防安全责任制,制订本单位的消防安全管理制度,消防安全教育与培训制度,可燃及易燃易爆危险品管理制度,用火、用电、用气管理制度,消防安全检查制度,应急预案演练制度等;制订消防安全操作规程,包括:施工现场重大火灾危险源辨识,施工现场防火技术措施,临时消防设施、临时疏散设施配备,临时消防设施和消防警示标识布置图等内容;制订包括应急灭火处置机构及各级人员应急处置职责,报警、接警处置的程序和通讯联络的方式,扑救初起火灾的程序和措施,应急疏散及救援的程序和措施等内容;并按照公安部 61 号令要求定期组织演练。

(3)对员工进行消防安全教育与培训,内容应包括:施工现场消防安全管理制度、防火技术措施、灭火及应急疏散预案的主要内容,施工现场临时消防设施的性能及使用、维护方法,扑灭初起火灾及自救逃生的知识和技能，报火警、接警的程序和方法；施工作业前，应对施工过程中可能发生火灾的部位或环节，施工过程应采取的防火措施及应配备的临时消防设施，初起火灾的扑救方法及注意事项，逃生方法及路线等内容进行消防技术交底。

(4)定期组织对施工现场可燃物及易燃易爆危险品的管理是否落实，动火作业的防火措施是否落实，用火、用电、用气是否存在违章操作，电、气焊及保温防水施工是否执行操作规程，临时消防设施是否完好有效，临时消防车道及临时疏散设施是否畅通等进行消防安全检查，对查出的消防隐患督促整改、落实。

(5)建立消防档案，保存相关文件和记录。消防档案应包括以下文件和记录：

①组建施工现场防火安全管理机构及聘任现场防火管理人员的文件。

②施工现场防火安全管理制度及其审批记录。

③施工现场防火安全管理方案及其审批记录。

④施工现场火灾事故应急预案及其审批记录。

⑤施工现场防火安全教育及其培训记录。

⑥施工现场防火安全技术交底记录。

⑦施工现场消防设备、设施、器材验收记录。

⑧施工现场消防设备、设施、器材台账及更换、增减记录。

⑨施工现场灭火和应急疏散演练方案。

⑩施工现场防火安全检查记录(含防火巡查记录、定期检查记录、专项检查记录、季节性检查记录、防火安全问题或隐患整改通知单与对应的回复单以及复查记录)。

⑪施工现场防火工作考评和奖惩记录。

第五节　施工现场消防要求

一、一般要求

(1)临时用房的建筑构件或金属夹芯板芯材的燃烧性能等级应为 A 级。

(2)临时用(板)房建筑层数不超过 3 层，每层建筑面积不大于 $300m^2$。

(3)建筑层数为 3 层或每层建筑面积大于 $200m^2$ 时，应设置不少于 2 部疏散楼梯，房间疏散门至疏散楼梯的最大距离不大于 25m。如图 7-1 所示。

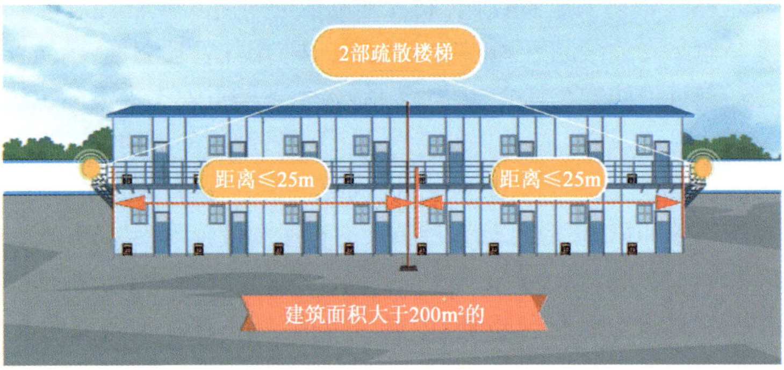

图 7-1　疏散楼梯及距离示意图

(4)单面布置用房时,疏散走道的净宽度不小于 1.0m;双面布置用房时,疏散走道的净宽度不小于 1.5m。疏散楼梯的净宽度不小于疏散走道的净宽度。如图 7-2 所示。

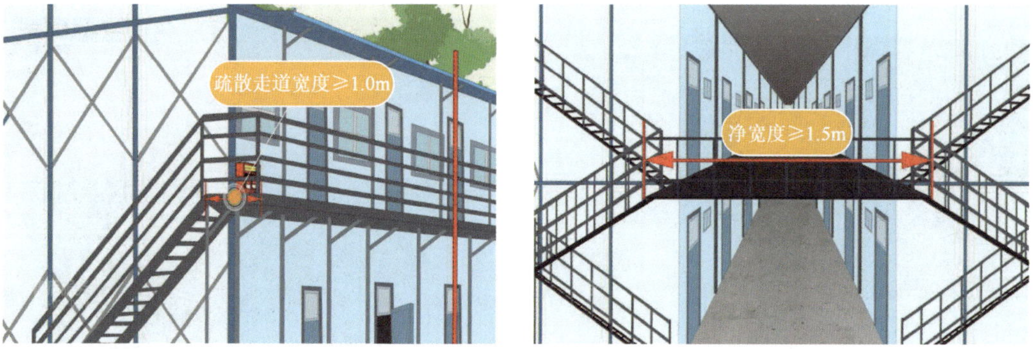

a)　　b)

图 7-2　疏散走道示意图

(5)宿舍房间的建筑面积不大于 $30m^2$,其他房间的建筑面积不大于 $100m^2$。

(6)房间内任一点至最近疏散门的距离不大于 15m,房门的净宽度不小于 0.8m,房间建筑面积超过 $50m^2$ 时,房门的净宽度不小于 1.2m。

(7)除办公用房及宿舍外,火灾危险性较大的特殊用房,如发电机房、变配电房、厨房操作间、锅炉房等为 1 层,建筑面积不大于 $200m^2$。如图 7-3 所示。

a)发电机房　　b)变配电房

c)厨房　　d)锅炉房

图 7-3　特殊用房

(8)大型临时设施总面积超过 1200m^2 的,应备有专用的消防桶、消防锹、消防钩、盛水桶(池)、消防沙箱等器材设施。如图 7-4 所示。

a)消防器材

b)消防沙箱

图 7-4　消防器材与设施

(9)临时消防车道宽度和高度不小于 4m,车道的路基、路面应能承受消防车通行压力及工作荷载,宜设置成环形道路。设置环形车道确有困难时,应在消防车道尽端设置尺寸不小于 12m×12m 的回车场。与在建工程、临时用房、可燃材料堆场及其加工场的距离不小于 5m,不大于 40m。如图 7-5 所示。

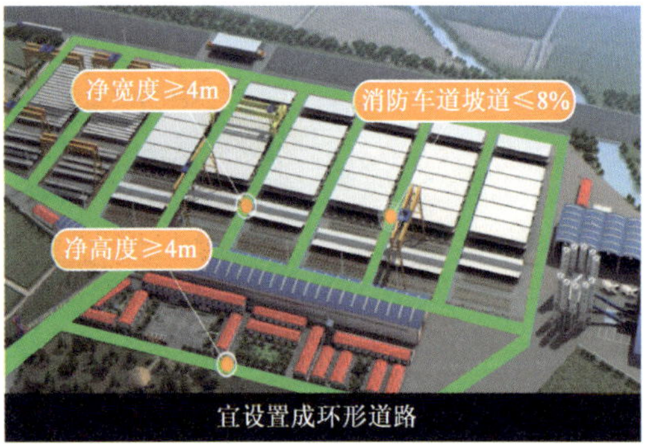

a)

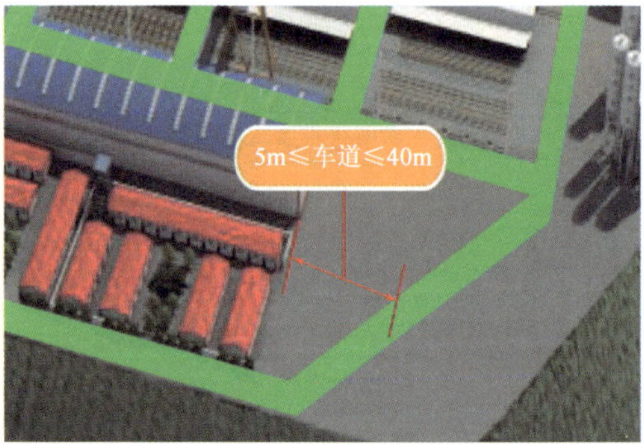

b)

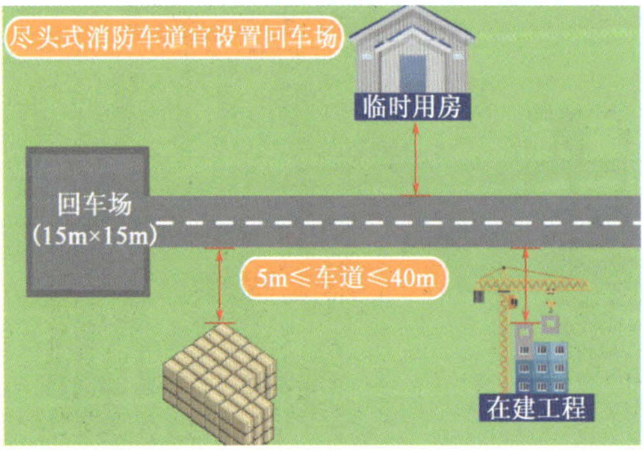

c)

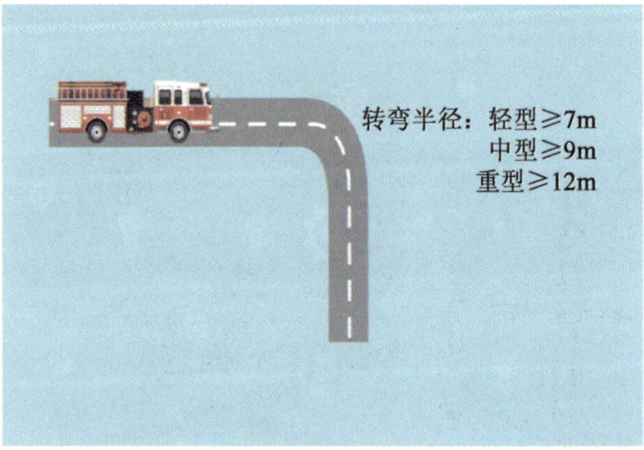

d)

图 7-5　临时消防车道示意图

二、具体要求

1. 可燃材料、易燃易爆品库房及临时存放点

（1）可燃材料库房和易燃、易爆物品库房应为 1 层，建筑面积不大于 300m^2，其建筑构件的燃烧性能应为 A 级。如图 7-6 所示。

a）火工品库房

b）氧气、乙炔库房

图 7-6　易燃易爆库房

（2）可燃材料库房单间不超过 30m^2，易燃易爆危险品库房单间不超过 20m^2。

（3）可燃材料露天存放时，应分类成垛堆放，高度不超过 2m，单垛不超过 50m^2，垛与垛之间不小于 2m，且采用不燃材料覆盖。如图 7-7 所示。

a）

b）

c）

图 7-7　可燃材料露天存放

(4)可燃材料堆场及其加工场、易燃易爆危险品库房严禁布置在架空电力线下。

(5)易燃易爆危险品库房应远离明火作业区、人员密集区和建筑物相对集中区,与在建工程的防火间距不小于15m,可燃材料堆场及其加工场与在建工程的防火间距不小于10m。如图7-8所示。

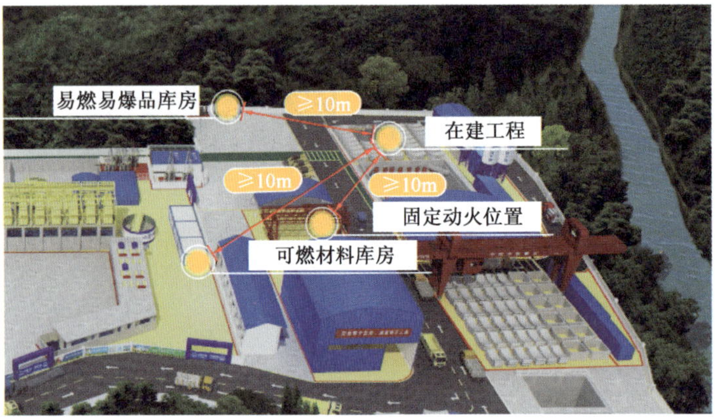

图7-8 库房布置示意图

(6)易燃易爆危险品应分类分库储存,库房内通风良好,并设置严禁明火标志。如图7-9所示。

a) b)

图7-9 分类存储及严禁明火标志示意图

(7)易燃易爆物品存放和使用场所等重点防火部位的灭火器数量应满足最低配置标准要求,火工品库房储存库区可设高位水池或消防水池并配备消防水泵,水池储水量不少于15m³。如图7-10所示。

(8)爆破现场临时存放的火工品,必须分开存放、专人看管,远离普通或高热照明灯具及发热点。如图7-11所示。

2. 动火作业

(1)固定动火作业场应布置在临时办公用房、宿舍、可燃材料库房、可燃材料堆场及其加工场、易燃易爆危险品库房等全年最小频率风向的上风侧。如图7-12所示。与在建工程的防火间距不应小于10m,其他临时用房、临时设施与在建工程的防火间距不应小于6m。

a) b)

图 7-10　消防水池与消防水泵

a) b)

图 7-11　火工品临时存放

图 7-12　固定动火作业场所布置

(2)动火作业应办理动火许可证,签发人应前往现场查验防火措施落实到位后方可签发,动火操作人员应具有相应资格。

(3)焊接、切割等动火作业前,应对作业现场的可燃物进行清理或遮挡覆盖,严禁在裸露的可燃材料上动火作业。

(4)五级及以上大风,应停止焊接、切割等室外动火作业。

(5)动火作业后,应对现场进行检查,确认无火灾隐患后方可离开。

3. 用电作业

(1)施工现场供用电设施的设计、施工、运行和维护,应符合现行国家标准《建设工程施工现场供用电安全规范》的有关规定。

(2)电气线路应具有相应的绝缘强度和机械强度,严禁使用绝缘老化或失去绝缘性能的电气线路,严禁在电气线路上悬挂物品;应定期对电气设备和线路的运行及维护情况进行检查。

(3)电气设备与可燃、易燃易爆和腐蚀性物品应保持一定的安全距离,距离应≥15m。

(4)有爆炸和火灾危险的场所,按危险场所等级选用相应的电气设备。破损、烧焦的插座、插头应及时更换。

(5)配电箱上每个电气回路应设置漏电保护器、过载保护器,距配电柜2m范围内不得堆放可燃物,5m范围内不得设置可能产生较多易燃、易爆气体、粉尘的作业区。

(6)可燃材料库房不得使用高热灯具,易燃易爆危险品库房内应使用防爆灯具。如图7-13所示。

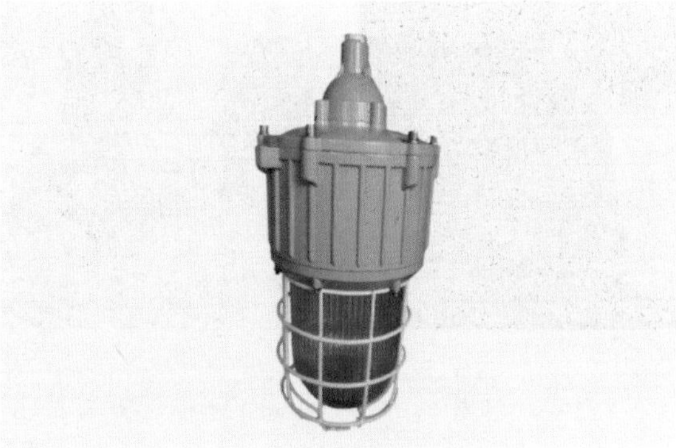

图7-13 防爆灯具

(7)普通灯具与易燃物距离不小于300mm;聚光灯等高热灯具与易燃物距离不小于500mm。

4. 用气作业

(1)易燃、易爆气体的输送和盛装应采用专用管道、气瓶,专用管道、气瓶及其附件应符合国家相关标准的要求。

(2)气瓶应分类专库储存,库房内应阴凉通风。

(3)气瓶入库时,应对气瓶的外观、漆色及标志、附件进行全面检查,并做好记录。

(4)气瓶存放时,应保持直立状态,并应有可靠的防倾倒措施。空瓶和实瓶同库存放时,应分开放置,两者的间距不应小于1.5m。如图7-14所示。

(5)气瓶运输、使用过程中,严禁碰撞、敲打、抛掷、溜坡或滚动,并远离火源,并采取避免高温和防止暴晒的措施。

(6)瓶装气体使用前,应先检查气瓶的阀门、气门嘴、连接气路的气密性,应采取避免气体泄漏的措施。

(7)氧气瓶与乙炔瓶的工作间距不应小于5m,气瓶与明火作业的距离不应小于10m。

(8)气瓶内的气体严禁用完,瓶内剩余气体的压力不应少于0.1MPa。

(9)气瓶用完后应及时归库。

a)

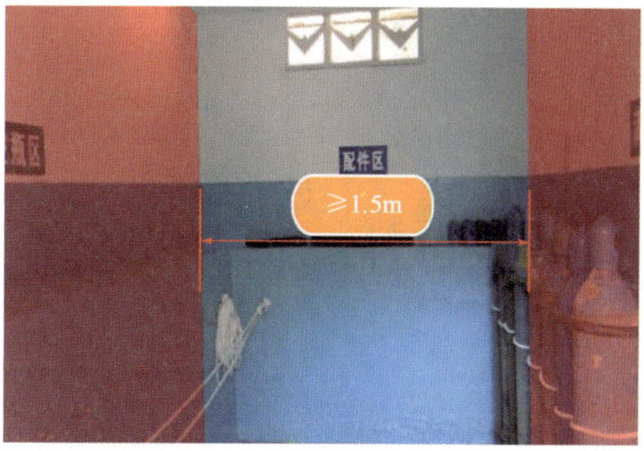

b)

图7-14 气瓶存放

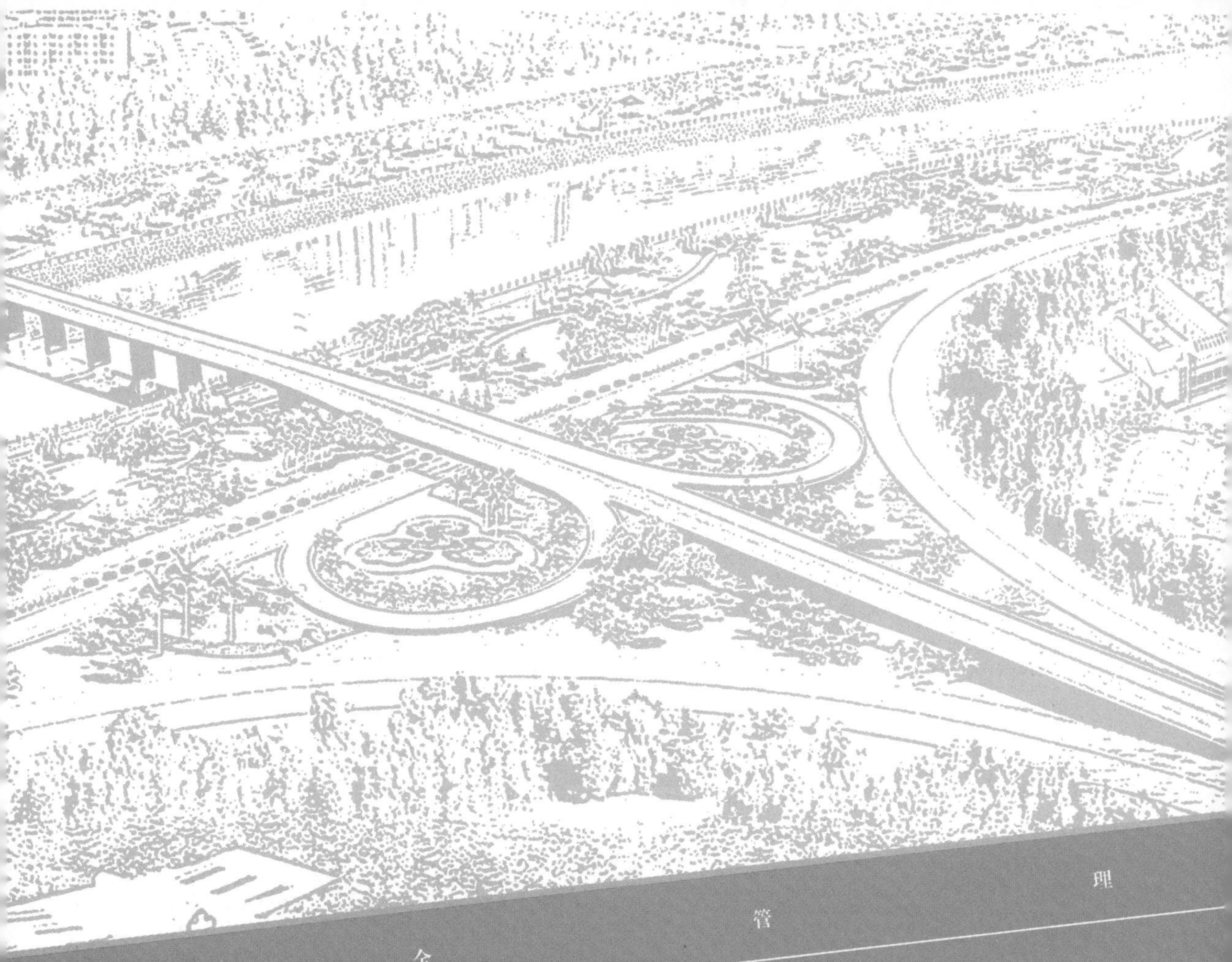

安全管理

第八章 PART 8

常用危险化学品管理

第一节　危险化学品简介

危险化学品是指具有毒害、腐蚀、爆炸、燃烧、助燃等性质，对人体、设施、环境具有危害的剧毒化学品和其他化学品。公路工程施工中除民用爆炸物品外，常见的危险化学品主要有燃料油脂、压缩气体、沥青、硫酸等。

第二节　危险化学品特性、危害及安全管理要求

一、燃料油脂

公路工程施工中常用的燃料油脂有汽油、柴油、润滑油、润滑脂、油性脱模剂等。

1. 燃料油脂特性及危害

燃料油脂具有易燃、易爆、有毒的特性，液体燃料还具有易挥发、易聚集静电荷、流动与膨胀的特性，操作不当会造成火灾、爆炸、中毒等事故。见表 8-1。

燃料油脂特性　　表 8-1

名　称	性　质
汽油	挥发性、毒性、燃爆性、流动性等
柴油	挥发性、毒性、易聚集静电荷、燃爆性等
润滑油	挥发性、润滑性、蒸发性、抗乳化性等
润滑剂	润滑性、抗乳化性、氧化安定性等
油性脱模剂	耐热性、流动性、耐氧化性等

2. 安全管理要求

(1) 燃料油脂库房设置地点应距离生活区 50m 以上，并保持干燥和通风良好，库区设置“严禁烟火”标识标牌。

(2) 库区四周应设密实围墙，围墙高度不应低于 2m，墙顶应有防攀越的措施，围墙到库房墙脚的距离不宜小于 5m。

(3) 仓库应以防火材料建造，仓库内应使用防爆灯，库区应装有避雷设备。避雷设备应每年检测一次，并做好记录。

(4) 仓库投入使用前，应组织相关部门对建筑、安全设备进行验收，确保满足要求。

(5) 在施工过程中，根据实际需要油料储存罐可采用地上储罐、覆土立式储罐、覆土卧式储罐等储存方式。如图 8-1 ~ 图 8-3 所示。

(6) 验收过程中检查质量合格证书是否齐全，必要时可抽样委外检查。

(7) 各种油料按品种、牌号分别存放、标识，不得混防。对存放较久的要每月检查，发现变质异状时应抽样化验。

图 8-1　地上储罐

图 8-2　覆土卧式储罐

图 8-3　覆土立式储罐

(8)油罐计量器应安装有铜或铝合金套,开启桶口、槽车盖时应使用铜扳手,防止摩擦生火,引起爆炸。如图 8-4、图 8-5 所示。

图 8-4　铝合金套

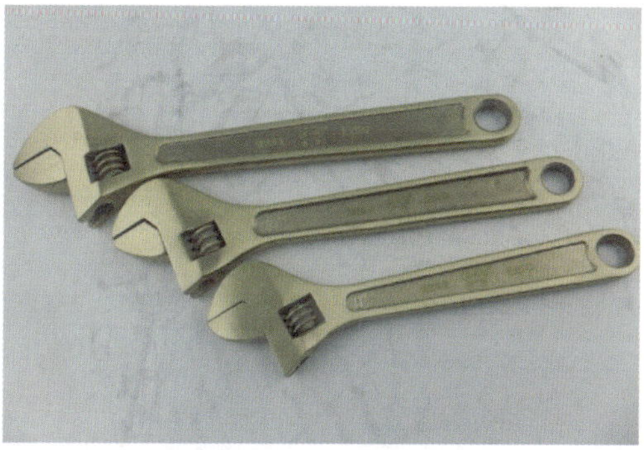

图 8-5　铜扳手

(9)建立健全消防组织机构,配备足够的灭火器、消防铲、消防沙、消防管等消防器材,并每月检查一次,保证使用有效。

(10)严格管理火源、电源,进入库区严禁携带易燃易爆物品。

(11)保持库房通风良好,必须有通风防毒设备才允许进入空油罐内进行清扫或检查。

(12)管库员应定期进行防火防盗安全检查,库内作业完毕应关灯、锁闭门窗。

二、压缩气体

公路工程施工中常用的压缩气体有氧气、乙炔、二氧化碳等。

1. 压缩气体特性及危害

压缩气体具有易燃易爆、易产生或聚集静电、腐蚀毒害（氧气和压缩空气除外）、窒息、氧化、流动扩散性强及受热膨胀的特性。操作不当会造成火灾、爆炸、中毒及窒息等事故。

2. 安全管理要求

（1）建设专用仓库储存，仓库的建立应符合有关安全规定，通风良好，防晒、防冻，置于避雷保护范围区域内，库房内不得住宿或进行其他活动；库外10m区域内不得有明火作业，库房外应设置“严禁烟火”、消防安全责任牌等标识、标牌。

（2）氧气瓶应与其他易燃气瓶、油脂和易燃、易爆物品分别存放，严禁氧气与乙炔混库存放，且不得靠近热源和电器设备，与明火的距离不得小于10m。

（3）乙炔瓶不能侧卧，必须直立，并必须采取防止倾斜的措施，管路上需安装防回火装置。

（4）氧气、乙炔管路不能混用。蓝色为氧气，红色为乙炔，工作压力不低于2.0MPa，使用管路严禁用铁丝等物品进行绑扎，应使用专用抱箍。

（5）气瓶使用前要检查瓶阀、接管螺纹、安全帽、减压器等。

（6）瓶身设置两道减振胶圈，场内运输时应装在专用小车上，禁止采用抛、摔、拖拽及其他容易引撞击的方法进行装卸或搬运。垂直吊装搬运时使用吊笼，严禁用链绳吊装直接捆绑在瓶体上，且不能混合吊装。

（7）氧气、乙炔使用间距不小于5m。夏季应有防暴晒措施，冬季应有防冻措施。

（8）气瓶内的气体，不能全部用完，必须留有剩余压力，冬天应留0.1～0.2MPa，夏天应留有0.3MPa的剩余压力，并注上“空瓶”标记存放。

氧气乙炔安全使用要求如图8-6所示。

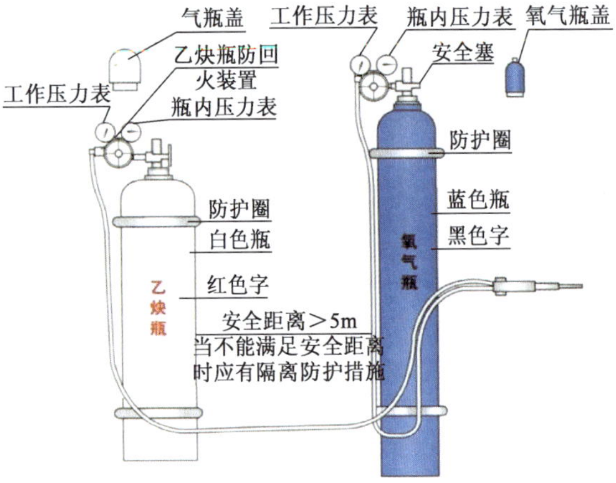

a)

b)

图8-6 气瓶安全使用要求

三、沥青

1. 沥青定义与分类

沥青是一种防水防潮和防腐的有机胶凝材料，可分为煤焦沥青、石油沥青和天然沥青3种。公路工程施工中主要使用石油沥青、煤焦沥青，一般用于防水层及铺筑路面等施工。

2. 沥青危害

沥青及其烟气对皮肤黏膜具有刺激性，有光毒作用和致癌作用。且沥青还可能对皮肤造成光毒性皮炎、黑变病、职业性痤疮、疣状赘生物及事故引起的热烧伤。

3. 沥青安全管理要求

(1) 沥青操作人员上岗前必须经体检合格后方能上岗，凡患有结膜炎、皮肤病及对沥青过敏者，不宜从事沥青作业。

(2) 从事沥青操作人员须穿戴耐高温鞋及工作服，皮肤外露部分需涂抹防护药膏，避免皮肤直接与沥青长时间接触，同时佩戴好防毒口罩、护目镜与耳塞。

(3) 沥青在生产和使用过程中需要分标号在储罐内保温储存，如果处理不当接触氧、光和过热就会引起沥青的硬化，软化点上升，针入度下降，延度变差，使沥青的使用性能受到损失。

(4) 沥青混合料必须在沥青拌和站采用拌和机械拌制。拌和站的设置应符合国家有关环境保护、消防、安全及以下规定：

①拌和厂应设置在空旷、干燥、运输条件良好的地方。

②沥青应分品种分标号密闭储存。各种矿料应分别堆放，不得混杂。矿粉等填料不得受潮。集料宜设置防雨顶棚。

③拌和厂应有良好的排水设施。

④拌和厂应有可靠的电力供应，同时备有临时电力供应的发电机。

⑤各类拌和机均有防止矿粉飞扬散失的密封性能及除尘设备，并有检测拌和温度的装置。连续式拌和及应具备根据材料含水率变化调整矿粉上料比例、上料速度、沥青用量的装置。

(5) 严格控制配合比，每种规格的集料、矿料和沥青都必须分别按要求的比例进行配料。对每种料源的材料进行抽样试验。

(6) 采用干净的自卸槽斗车辆运送混合料，车槽内不得沾有有机物质并涂防黏薄膜剂。为防止尘埃污染、防雨和热量损失，运输车辆必须备有芷布覆盖。防止沥青混合料在运输过程中被尘埃污染、雨淋或热量损失等。

(7) 沥青铺摊作业时应尽量采取顺风向铺筑，以减少碾压作业场所的沥青废气量和烟雾，增加能见度，清新空气，保证施工人员作业健康。

(8) 隧道内作业时严禁吸烟用火，洞内作业30min换班一次，轮流作业，轮流休息，并在出风洞口安装大功率排风机引风，以增加洞内空气流动速度，保持新鲜空气，保证现场氧气比例。

(9) 夏季沥青路面施工时，应做好现场防暑降温工作，购置防暑降温必要的设施、用具和药品。

四、硫酸

1. 硫酸特性及危害

硫酸具有强烈的腐蚀性、毒性、脱水性及强氧化性。会对人体、金属、有机物质、建筑物有腐蚀作用,造成化学灼伤、腐蚀损坏、中毒等事故。公路工程施工中一般用于机械设备电瓶电解液。

2. 安全管理要求

(1)硫酸、电瓶电解液必须储存于阴凉、通风的危险品库房或专用充电房,库房温度不超过35℃,相对湿度不超过85%,远离火种、热源、易燃、可燃物,避免与还原剂、碱类、碱金属接触,库区设置"毒害品""严禁烟火"标识标牌。

(2)操作人员必须经过专业培训执证上岗,操作人员佩戴自吸过滤式防毒全面罩,穿耐酸碱服装,戴耐酸碱手套。

(3)运输时防止撞击,装卸搬运时要轻装轻卸,防止包装及容器损害,不可摔抛、滚动、碰撞或用尖钩卡挂,应有符合运输规定的腐蚀品标志。

(4)稀释或制备电瓶电解液时,应把硫酸缓慢地注入蒸馏水中,并不断用玻璃棒搅拌,避免沸腾和飞溅伤人,严禁将蒸馏水倒入硫酸中。

(5)充电时,应根据需要,调整供给的电压、电流,不得超负荷。充电的电压、电流不许超过工艺上的规定,电解液的温度不得超过45℃,否则应暂停充电。

(6)充电操作过程中必须由专职充电工全程看管,充电工作结束后,应关闭电源。

(7)配备相应品种和数量的消防器材及泄漏应急处理设备,发生意外时可用干砂、二氧化碳灭火器、雾状水进行扑救,不得使用高压柱状水进行扑救,以免硫酸飞溅伤人。

安 全 管 理

P 第九章 ART 9

民用爆炸物品管理

民用爆炸物品是工程建设中不可或缺的重要物资，因其爆炸会产生巨大破坏力，对生命健康和工程安全造成严重影响，因此需进行严格管理。

第一节　民用爆炸物品简介

民用爆炸物品是指用于非军事目的、列入民用爆炸物品品名表的各类火药、炸药及其制品和雷管、导火索等点火、起爆器材；民用爆炸物品品名见表9-1。公路工程中涉及民用爆炸物品的施工项目主要有隧道爆破、路基土石方爆破、拆除爆破等，公路工程中常用的民爆物品主要有炸药、雷管、导爆索、起爆器材等。如图9-1所示。

民用爆炸物品品名　表9-1

序号	名　称	英文名称	备　注
一	工业炸药		
1	硝化甘油炸药	Nitroglycerine, NG	甘油三硝酸酯类混合炸药
2	铵梯类炸药	Ammonite	含铵梯油炸药
3	多孔粒状铵油炸药		
4	改性铵油炸药		
5	膨化硝铵炸药	Expanded AN explosive	
6	其他铵油类炸药		含粉状铵油、铵松蜡、铵沥蜡炸药等
7	水胶炸药	Water gel explosive	
8	乳化炸药(胶状)	Emulsion	
9	粉状乳化炸药	Powdery emulsive	
10	乳化粒状铵油炸药		重铵油炸药
11	黏性炸药		
12	含退役火药炸药		含退役火药的乳化、浆状、粉状炸药
13	其他工业炸药		
14	震源药柱	Seismic charge	
15	震源弹		
16	人工影响天气用燃爆器材		含炮弹、火箭弹等、限生产、购买、销售、运输管理
17	矿岩破碎器材		
18	中继起爆具	Primer	
19	爆炸加工器材		
20	油气井用起爆器		
21	聚能射孔弹	Perforating charge	
22	复合射孔器	Perforator	
23	聚能切割弹		
24	高能气体压裂弹		

续上表

序号	名　称	英 文 名 称	备　注
25	点火药盒		
26	其他油气井用爆破器材		
27	其他炸药制品		
二	工业雷管		
28	工业火雷管	Flash detonator	
29	工业电雷管	Electric detonator	含普通电雷管和煤矿许用电雷管
30	导爆管雷管	Detonator with shock-conducting tube	
31	半导体桥电雷管		
32	电子雷管	Electron-delay detonator	
33	磁电雷管	Magnetoelectric detonator	
34	油气井用电雷管		
35	地震勘探电雷管		
36	继爆管		
37	其他工业雷管		
三	工业索类火工品		
38	工业导火索	Industrial blasting fuse	
39	工业导爆索	Industrial detonating fuse	
40	切割索	Linear shaped charge	
41	塑料导爆管	Shock-conducting tube	
42	引火线		
四	其他民用爆炸物品		
43	安全气囊用点火具		
44	其他特殊用途点火具		
45	特殊用途烟火制品		
46	其他点火器材		
47	海上救生烟火信号		
五	原材料		
48	梯恩梯(TNT)/2,4,6-三硝基甲苯	Trinitrotoluene,TNT	限于购买、销售、运输管理
49	工业黑索今(RDX)/环三亚甲基三硝胺	Hexogen,RDX	限于购买、销售、运输管理
50	苦味酸/2,4,6-三硝基苯酚	Picric acib	限于购买、销售、运输管理
51	民用推进剂		限于购买、销售、运输管理
52	太安(PETN)/季戊四醇四硝酸酯	Pentaerythritol tetranitrate, PETN	限于购买、销售、运输管理

续上表

序号	名　称	英文名称	备　注
53	奥克托今(HMX)	Octogen,HMX	限于购买、销售、运输管理
54	其他单质猛炸药	Explosive compound	限于购买、销售、运输管理
55	黑火药	Black powder	用于生产烟花爆竹的黑火药除外,限于购买、销售、运输管理
56	起爆药	Initiating explosive	
57	延期器材		
58	硝酸铵	Ammoniumnitrate,AN	限于购买、销售审批管理
59	国防科工委、公安部认为需要管理的其他民用爆炸物品		

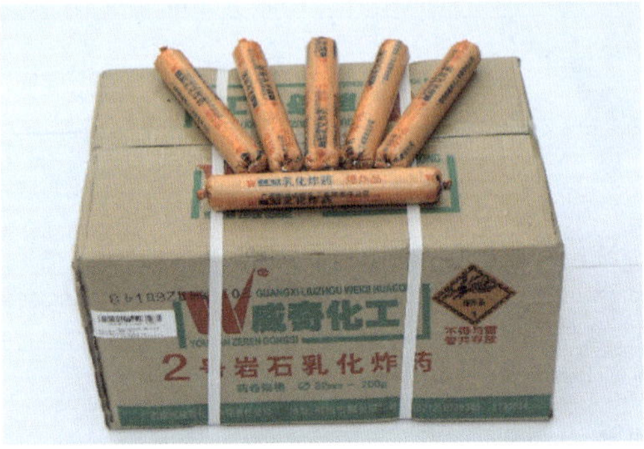

a)炸药

b)雷管

c)导爆索

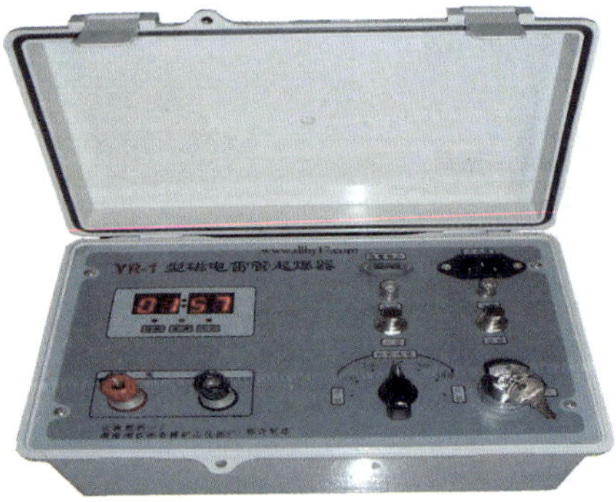

d)起爆器

图 9-1　常用爆炸物品

第二节　爆破作业单位资质与人员要求

爆破作业单位必须取得民用范爆炸物品省级公安部门颁发的《爆破作业单位许可证》,并按相应资质等级施工,严禁超资质施工。爆破作业单位资质等级见表 9-2。

营业性爆破作业单位资质等级与从业范围对应关系 表 9-2

资质等级	A 级爆破作业项目	B 级爆破作业项目	C 级爆破作业项目	D 级及以下爆破作业项目
一级	设计施工 安全评估 安全监理	设计施工 安全评估 安全监理	设计施工 安全评估 安全监理	设计施工 安全评估 安全监理
二级	—	设计施工 安全评估 安全监理	设计施工 安全评估 安全监理	设计施工 安全评估 安全监理
三级	—	—	设计施工 安全监理	设计施工 安全监理
四级	—	—	—	设计施工

注：表中 A 级、B 级、C 级、D 级为 GB 6722 中规定的相应级别。

爆破设计施工、安全评估与安全监理负责人及主要人员，应具备相应的资格和作业范围。人员资格及作业范围见表 9-3。

人员资格等级、资格条件及作业范围对应关系 表 9-3

资格等级	资格条件	作业范围
高级/A	应取得爆破工程技术人员高级/B 后连续从事爆破相关工作 4 年以上且主持过不少于 5 项 B 级爆破作业项目的设计施工	A 级及以下爆破作业项目
高级/B	应取得理学或工学学科范围博士研究生学历且从事爆破相关工作 2 年以上，或者取得爆破工程技术人员中级/C 后连续从事爆破相关工作 4 年以上且主持过不少于 3 项 C 级爆破作业项目的设计施工	B 级及以下爆破作业项目
中级/C	应取得理学或工学学科范围硕士研究生学历且从事爆破相关工作 2 年以上，或者取得爆破工程技术人员初级/D 后连续从事爆破相关工作 4 年以上且主持过不少于 3 项 D 级爆破作业项目的设计施工	C 级及以下爆破作业项目
初级/D	应取得理学或工学学科范围大学专科学历且从事爆破相关工作 3 年以上，或者取得理学或工学学科范围大学本科学历且从事爆破相关工作 1 年以上	D 级及以下爆破作业项目

注：1. 表中作业范围的 A 级、B 级、C 级、D 级为 GB 6722—2014 中规定爆破工程的相应级别。
2. 申请爆破人员资格除应满足上述特殊要求外，还应满足以下规定：①年满 18 周岁且不超过 70 周岁；②无妨碍爆破作业的疾病及生理缺陷；③无刑事处罚记录；④无涉恐、吸毒等其他不适合从事爆破作业的情况；⑤近 3 年参与爆破作业项目设计施工、安全评估和安全监理的，未发生爆破作业责任事故。

爆破工程技术人员、爆破员、安全员、保管员，必须经设区的市级公安机关培训考核合格并取得《爆破作业人员许可证》后方可从事爆破作业。爆破作业人员许可证样本如图 9-2 所示，培训学时见表 9-4。

培训学时 表 9-4

学时要求	爆破工程技术人员	爆破员	安全员	保管员
	240 课时	72 课时	72 课时	72 课时

爆破作业单位必须明确爆破作业技术负责人、爆破员、安全员、保管员岗位职责，严格执行民用爆炸物品发放、领取、使用、清退安全管理规定。

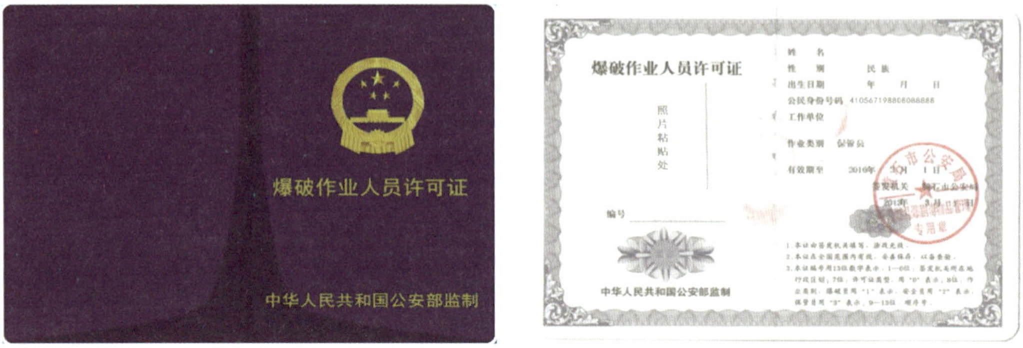

a)　　　　b)

图 9-2　爆破作业人员许可证样本

第三节　民用爆炸物品库房建设

一、库房选址

库房应布置在远离城镇的独立地段;不应布置在有山洪、滑坡和其他地质危害的地点,应尽量利用山丘等自然屏障。

二、库房设计与审批程序

库房应由有资质的单位进行设计和预评估,报所在地市级公安部门审核同意后方可建设;建成后由另一家具备相应资质的单位进行评估;由所在地市级公安部门验收合格并取得储存许可证后方可投入使用。

三、库房建设

(1)炸药库和雷管库必须分开建造,各库之间的距离应不小于 12m,每个库房距生活区等保护对象的允许距离应满足相关要求。地面储存库与外部距离见表 9-5。

地面储存库与外部距离(单位:m)　　表 9-5

项　目	计算药量(kg)						
	3000 > 药量 ≤5000	2500 > 药量 ≤3000	2000 > 药量 ≤2500	1500 > 药量 ≤2000	1000 > 药量 ≤1500	500 > 药量 ≤1000	药量 ≤500
人数大于 50 人的居民点边缘,企业住宅区建筑物边缘、其他单位围墙	300	285	265	250	225	195	155
人数不大于 50 人的零散住户边缘	180	170	159	150	135	115	90
三级公路、通航汽轮的河流航道、铁路支线	170	170	159	150	135	115	90

续上表

项目	计算药量(kg)						
	3000 > 药量 ≤5000	2500 > 药量 ≤3000	2000 > 药量 ≤2500	1500 > 药量 ≤2000	1000 > 药量 ≤1500	500 > 药量 ≤1000	药量 ≤500
二级(含)以上公路、国家铁路	225	225	210	200	180	156	120
高压输电线(500kV)	600	430	400	375	335	290	232
高压输电线(330kV)	570	345	320	300	270	230	186
高压输电线(220kV)	540	285	265	250	225	195	155
高压输电线(110kV)	200	200	185	175	155	135	105
高压输电线(35kV)	120	115	105	100	90	75	60
人数不大于10万人的城镇规划边缘、国家或省级文物保护区、铁路车站	600	570	530	500	450	390	310
人数大于10万人的城镇规划边缘	900	855	795	750	675	585	465

注:1. 当危险性建筑物紧靠山脚布置,山高大于20m,山的坡度大于15°时,其与山背后建筑物之间的外部距离可减少30%。

2. 表中二级(含)以上公路系指年平均双向昼夜行车量不小于2000辆者;三级公路系指年平均双向昼夜行车量小于2000辆且不小于200辆者。

3. 在一条山沟中,对两侧山高为30~60m,坡度20°~30°,沟宽40~100m,纵坡4%~10%时,沿沟纵深和出口方向布置的建筑物之间的内部最小允许距离,与平坦地形相比,可适当增加10%~40%;对有可能沿山坡脚下直对布置的两建筑物之间的最小允许距离,与平坦地形相比,可增加10%~50%。

(2)库房应为单层建筑,可采用砖墙承重,屋盖宜为钢筋混凝土结构,净高度不低于3m。如图9-3、图9-4所示。

图9-3 库房

图9-4 库房砖墙

(3)库房实行双门、双扇、双锁,所有的门均应向外开启,外层门应为防盗门,内层门应为加金属网的通风栅栏门。如图9-5、图9-6所示。

图 9-5　双门、双扇

图 9-6　外层防盗门、双人、双锁

(4)窗应能开启并应配置铁栅栏和金属网,可在窗下靠近地面的适当部位设置通风孔,配铁栅栏和金属网。如图 9-7、图 9-8 所示。

图 9-7　金属网窗户

图 9-8　地面通风孔

(5)地面采用不发生火花的地面,当以包装箱方式储存且不在库房内开箱时,库房地面可采用一般地面。如图 9-9、图 9-10 所示。

图 9-9　防火花地面

图 9-10　一般地面

四、库区围墙建设

库区四周应设密实围墙。围墙到最近库房墙脚的距离不宜小于 5m,围墙高度不应低于

2m，墙顶应有防攀越的措施。如图 9-11、图 9-12 所示。

图 9-11　库区密实围墙

图 9-12　防攀越网

五、值班室建设

值班室宜为单层，采用现浇钢筋混凝土屋面板，墙四角设构造柱，构造柱与墙之间应拉结，朝向库房方向不应有窗户。值班室与库房最小允许距离见表 9-6。

值班室与库房最小允许距离（单位：m）　　表 9-6

序号	值班室设置防护屏障情况	单库计算药量(kg)	
		3000 < 药量≤5000	药量≤3000
1	有防护屏障	65	30
2	无防护屏障	90	60

六、库区安防设施建设

（1）库区周围应设置警戒隔离区和明显的警戒标志，库区可设高位水池，或设消防水池并配备消防水泵，水池储水量不少于 15m^3。如图 9-13、图 9-14 所示。

图 9-13　库房警戒标志

图 9-14　高位消防水池

（2）库区内单个库房应配备至少两个 5kg 及以上的磷酸铵盐干粉灭火器，并保持完好和有效，相关人员均应熟悉使用方法。如图 9-15、图 9-16 所示。

图 9-15　灭火器检查

图 9-16　灭火演练

(3)库区应安装入侵报警系统、监控系统、防雷装置;炸药库与雷管库之间应设置防爆土堆,防爆土堆应高出雷管库、炸药库房顶平面 50cm 以上。如图 9-17 ~ 图 9-20 所示。

图 9-17　入侵警报探测器

图 9-18　库区监控系统

图 9-19　防雷装置

图 9-20　防爆土堆

(4)库房内应放置温度和湿度计并每天进行记录(温度 15℃ ~30℃为宜,不超过 35℃,相对湿度不超过 75%)。

第四节　民用爆炸物品过程管理

一、购买

（1）爆破作业单位凭《爆破作业单位许可证》向施工所在地县级公安机关提出购买申请；对符合条件的，公安机关核发《民用爆炸物品购买许可证》，载明许可的品种、数量、购买单位以及许可有效期限。

（2）取得《民用爆炸物品购买许可证》后，爆破作业单位与具有《民用爆炸物品销售许可证》的单位签订采购合同，并向所在地县级公安机关备案。

（3）爆破作业单位与具有《民用爆炸物品运输许可证》的单位签订运输合同，将购买的民用爆炸物品运送至工地仓库，并将运输合同以及运输路线向所在地县级公安机关备案。

二、储存

（1）涉爆单位必须利用信息系统采集、台账登记手段，如实记录、核对、保存本单位民用爆炸物品流向、流量和经手人身份信息。严格执行"日清点、周核对、月检查"制度。

（2）发放、领取民用爆炸物品时，保管员、安全员、爆破员必须同时在场、登记签字，安全员监督爆破员按照爆破设计和当班用量领取，保管员清点、核对、记录发放的品种、数量，做到账目清楚，账物相符。

（3）储存的民用爆炸物品数量不得超过公安机关批准的容量或设计容量，炸药与雷管不得混放，严禁在库房内存放其他物品。单库单一品种最大允许储存量见表9-7。

单库单一品种最大允许储存量　　表9-7

序号	产品类别	最大允许储存量
1	工业炸药及制品	5000kg
2	黑火药	3000kg
3	工业导爆索	50000m（计算药量600kg）
4	工业雷管	20000发（计算药量20kg）
5	塑料导爆管	100000m

注：1. 工业炸药及制品包括铵梯类炸药、铵油类炸药、硝化甘油炸药、乳化炸药、水胶炸药、射孔弹、起爆药柱、震源药柱等。
2. 工业雷管包括电雷管、导爆管雷管以及继爆管等。
3. 工业导爆索包括导爆索和爆裂管等。
4. 其他民用爆炸物品按与本表中产品相近特性归类确定储存量；普通型导爆索药量为12g/m，常规雷管药量为1g/发，特殊规格产品的计算药量按照产品说明书给出的数值计算。

（4）民用爆炸物品库房必须严格落实人防、技防、物防、犬防措施，执行双人双锁、24小时专人值守、每班不少于3人、每小时至少巡视一次等制度，爆破作业单位安全负责人每周至少抽查一次治安防范措施落实情况，签字确认，存档备查。如图9-21～图9-24所示。

图 9-21　人防措施

图 9-22　物防措施

图 9-23　技防措施

图 9-24　犬防措施

(5)严禁无关人员进入库区内,严禁在库区内吸烟和用火,严禁把其他容易引起燃烧、爆炸的物品带入库区内,严禁在库房内住宿和进行其他活动。

(6)民用爆炸物品丢失、被盗、被抢,应当立即报告当地公安机关。

三、现场运输

(1)民用爆炸物品必须使用爆破器材专用运输车运输,炸药、雷管运输除经公安部门批准的爆炸物品混装运输车辆外,不可同车运输。如图 9-25 所示。

a)　　b)

图 9-25　专用运输车

(2)运输车辆必须由熟悉性能、具有相应资格的驾驶人驾驶;车辆须按规定设置标志,按指定路线行驶,途中经停应当有专人看守,并远离建筑设施和人口稠密的地方,不得在许可以外的地点经停。如图 9-26、图 9-27 所示。

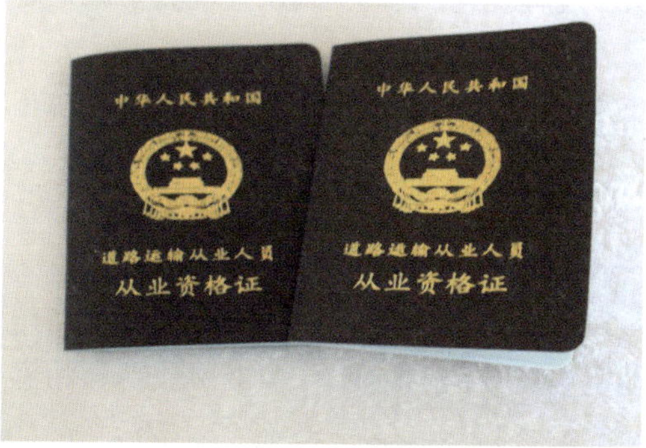

图 9-26　道路运输人员证书

图 9-27　车辆警示标志

(3)爆破员或安全员必须同车押运,车上严禁烟火和携带发火物品;按照安全操作规程装卸民用爆炸物品,并在装卸现场设置警戒,禁止无关人员进入。如图 9-28、图 9-29 所示。

图 9-28　同车押运

图 9-29　装卸现场警戒

四、现场临时存放

在爆破作业现场临时存放民用爆炸物品的,应设置专用防爆箱,雷管和炸药必须分开存放,加强防盗、防流失、防火、防潮管理,并设专人管理、看护。

五、爆破作业

(1)爆破作业单位必须依据爆破设计施工,施工前必须进行爆破安全评估,爆破作业时,监理单位应进行安全监理,安全监理的职责包括:

①爆破作业单位是否按照设计方案施工。

②爆破有害效应是否控制在设计范围内。

③审验爆破作业人员的资格,制止无资格人员从事爆破作业。

④监督民用爆炸物品领取、清退制度的落实情况。

⑤监督爆破作业单位遵守国家有关标准和规范的落实情况，发现违章指挥和违章作业，有权停止其爆破作业，并向委托单位和公安机关报告。

（2）爆破作业时，项目技术负责人、爆破员、安全员必须同时在场，项目技术负责人全面负责现场的安全管理，安全员现场监督爆破员按照操作规程装药、填塞、爆破，共同签字确认爆炸物品的品种、数量，并在安全距离以外设置警示标志、安排警戒人员。

（3）爆破作业结束后，爆破员检查作业面，发现盲炮和其他不安全因素应及时上报，在项目技术负责人的指导下，配合爆破工程技术人员处理。

六、退库

当班爆破作业结束后，项目技术负责人、爆破员、安全员共同清点、核对、记录剩余民用爆炸物品的品种、数量，全部清退回库，交由保管员签字确认，存档备查，严禁带回住地和随意存放，严禁私藏、截留。退库流程如图9-30所示。

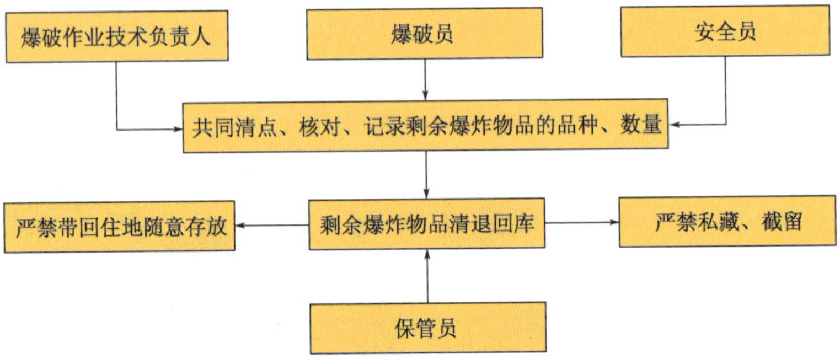

图9-30　退库流程

七、销毁

（1）对于变质、过期失效、工程完工后剩余的民用爆炸物品，必须严格清点、登记造册，在所在地县级公安机关的组织监督下销毁。

（2）项目负责人及涉爆人员必须具结保证无遗留爆炸物品，负责清查处置的民警和责任领导签字确认、存档备查。

八、撤库

在爆破工程结束后应及时清库和撤库，并在所在地公安机关办理撤库手续，同时妥善保管原始资料或移交相关部门存档。

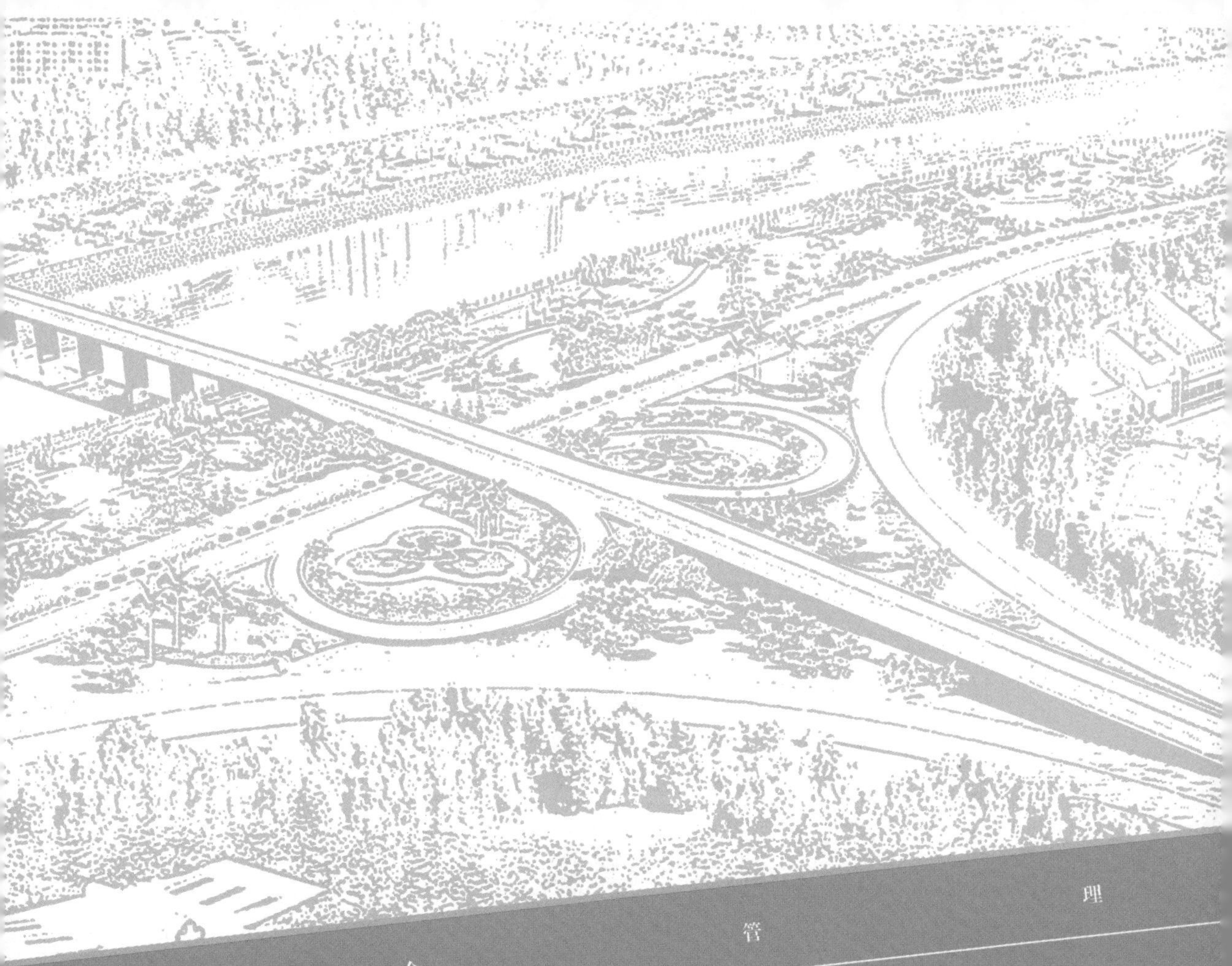

安全管理

第十章 PART 10

劳动防护用品管理

第一节　劳动防护用品定义

劳动防护用品，是指由用人单位为劳动者配备的，使其在劳动过程中免遭或者减轻事故伤害及职业病危害的个体防护装备。如图 10-1 所示。

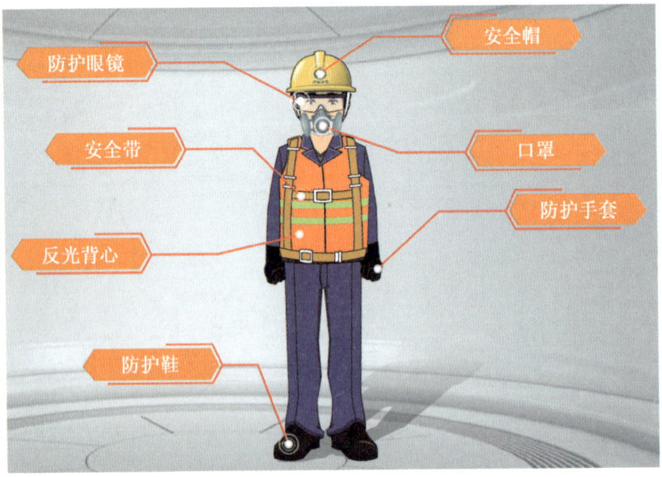

图 10-1　劳动防护用品示意图

第二节　劳动防护用品分类

劳动防护用品按作业人员不同，可分为特种劳动防护用品（防砸防刺鞋、电焊手套）和一般劳动防护用品（水鞋、雨衣）。如图 10-2 所示。

a) 水鞋

b) 雨衣

图　10-2

c)防砸防刺鞋

d)电焊手套

图 10-2 防护用品分类

按照防护部位不同,又可分为以下几类:

(1)头部防护用品(安全帽类,是用于保护头部,防撞击、挤压伤害的护具),如图 10-3所示。

a)

b)

图 10-3 头部防护用品

(2)呼吸防护用品(呼吸护具类,是预防尘肺和职业病的重要护品。按用途分为防尘、防毒、供氧三类,按作用原理分为过滤式、隔绝式两类),如图 10-4 所示。

a)防尘口罩

b)供氧面罩

图 10-4

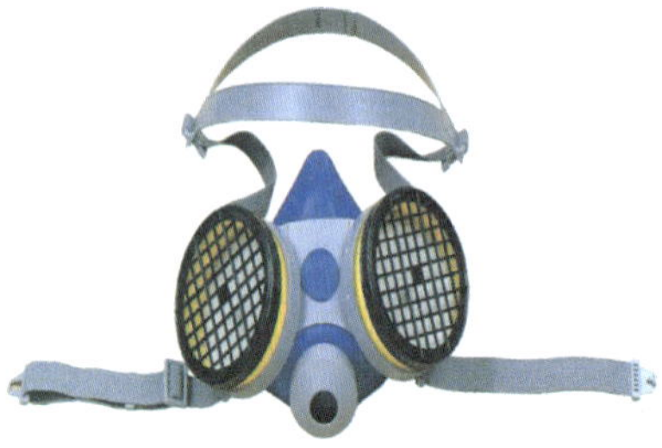

c)防毒口罩

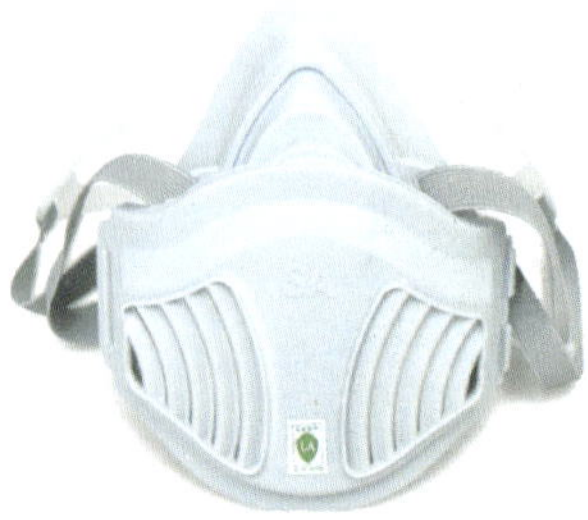

d)过滤式

e)隔绝式

图 10-4　呼吸防护用品

(3)眼面部防护用品(眼面防护具类,用以保护作业人员的眼睛、面部,防止外来伤害。主要有焊接面罩、防冲击护目镜、防强光、紫外线、红外线护目镜或面罩等眼面护具),如图 10-5 所示。

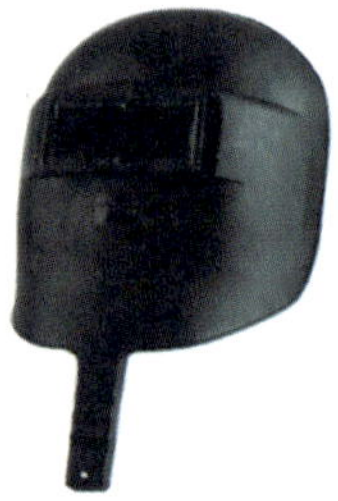

a)焊接面罩

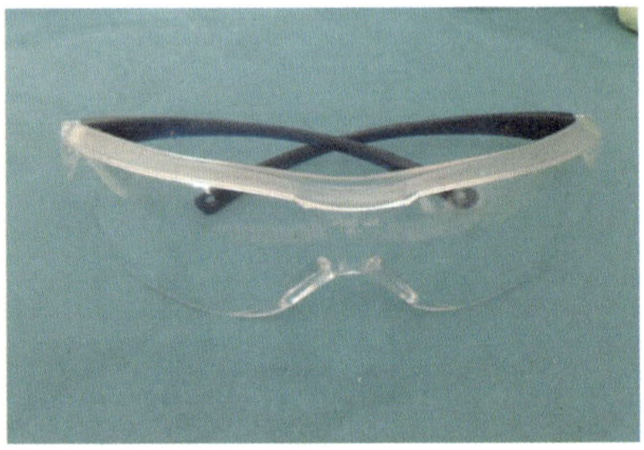

b)防冲击护目镜

c)防强光护目镜

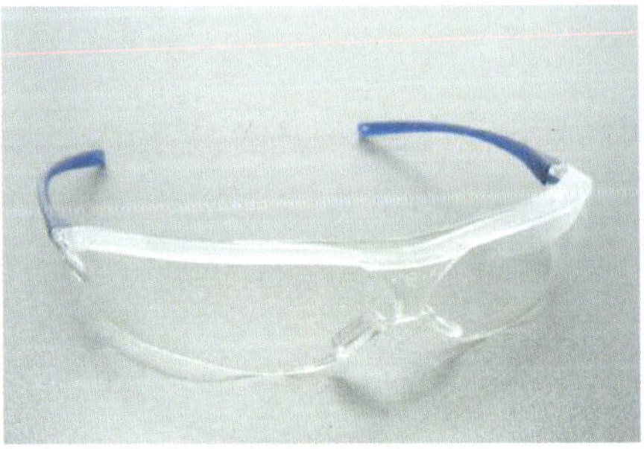

d)紫外线护目镜

图 10-5　眼面部防护用品

(4)听力防护用品[听力护具类,长期在 90dB(A)以上或短时在 115dB(A)以上环境中工作时应使用听力护具。听力护具有耳塞、耳罩和帽盔 3 类],如图 10-6 所示。

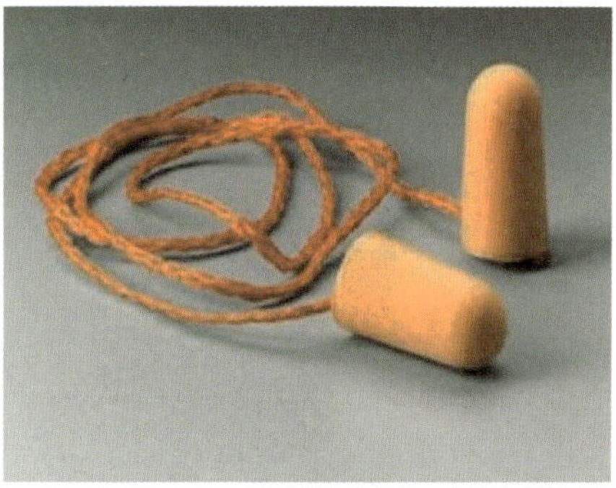

a)耳塞

b)耳罩

图 10-6　听力防护用品

(5)手部防护用品(防护手套类,用于手部保护,主要有防振手套、耐酸碱手套、防静电手套、电工绝缘手套、电焊手套等),如图 10-7 所示。

a)防振手套

b)耐酸碱手套

c)防静电手套

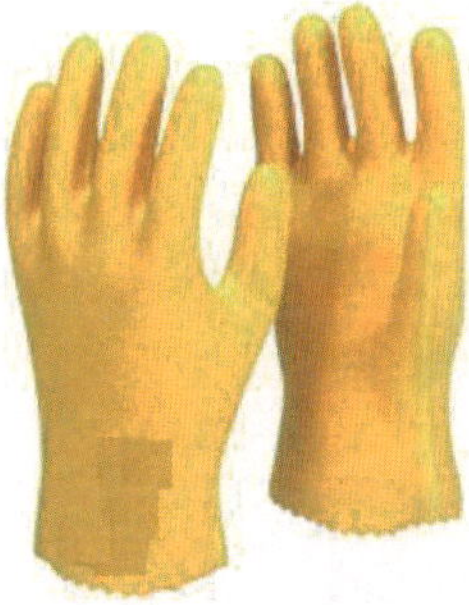

d)电工绝缘手套

d)电焊手套

图 10-7　手部防护用品

(6)足部防护用品(防护鞋类,用于保护足部免受伤害。主要产品有防砸防穿刺鞋、绝缘鞋、防静电鞋、防寒鞋等),如图10-8所示。

a)防砸防穿刺鞋

b)绝缘鞋

c)防静电鞋

d)防寒鞋

图10-8　足部防护用品

(7)躯干防护用品[防护服类,用于保护职工免受劳动环境中的物理、化学因素的伤害。防护服分为特殊防护服(如焊接防护服、防静电服、防酸碱服等)和一般防护服等],如图10-9所示。

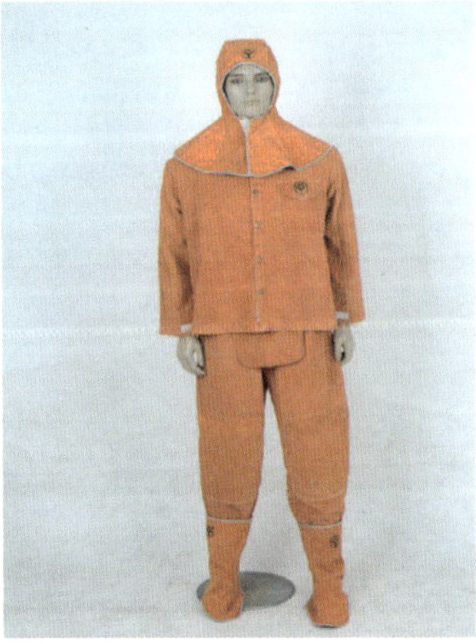

a)焊接防护服

b)防静电服

图10-9　躯干防护用品

(8)护肤洗涤用品[护肤洗涤用品,用于外露皮肤的保护。分为护肤类(如护肤霜、遮光行护肤剂等)和清洗类(如皮肤清洗剂等)],如图10-10所示。

a)防晒霜　　b)护肤霜　　c)皮肤清洗剂

图 10-10　护肤洗涤用品

(9)坠落防护用品(防坠落具,用于防止坠落事故发生。主要有安全带、安全网和防坠器等),如图 10-11 所示。

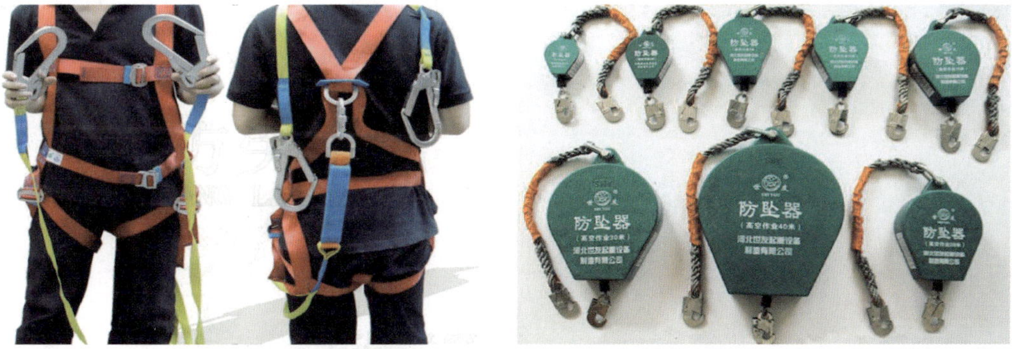

a)安全带　　b)防坠器

图 10-11　坠落防护物品

第三节　劳动防护用品管理基本规定

用人单位应建立健全劳动防护用品管理制度,加强劳动防护用品配备、发放、使用等管理工作。

用人单位应当为劳动者提供符合国家标准或者行业标准的劳动防护用品。使用进口的劳动防护用品,其防护性能不得低于我国相关标准。

用人单位应对新进场的作业人员进行劳动防护用品使用教育培训,督促作业人员在日常生产作业中按要求佩戴劳动防护用品。

第四节　劳动防护用品管理

一、劳动防护用品的采购

(1)用人单位应当安排专项经费用于配备劳动防护用品,不得以货币或者其他物品替代。

(2)用人单位应当根据劳动防护用品配备标准及本单位存在的工种、工作场所中存在的危险、劳动环境、作业中存在的有害因素及危害程度、劳动防护用品有效使用时间等因素制订适合本单位的劳动防护用品配备标准及采购计划，购买具有“三证一标志”的劳动防护用品(生产许可证、产品合格证、安全鉴定证和劳动防护安全标志)。如图10-12所示。

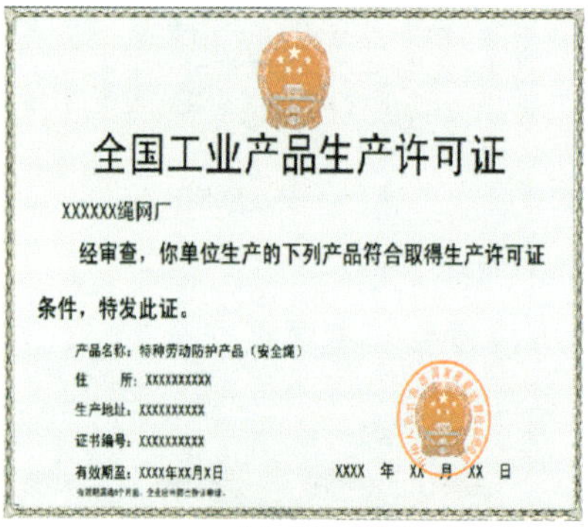

a)生产许可证

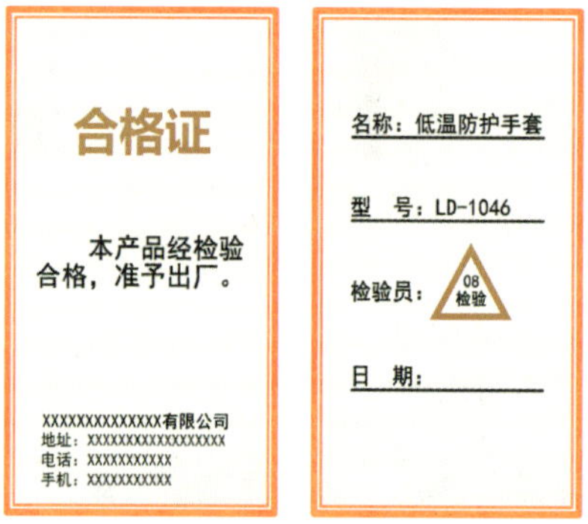

b)产品合格证

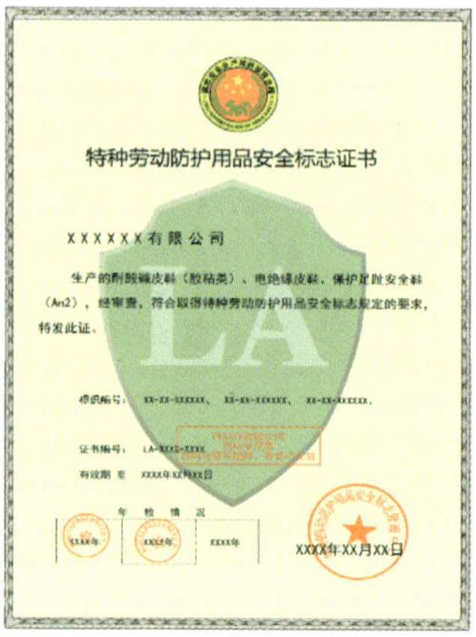

c)安全鉴定证

d)劳动防护安全标志

图10-12 三证一标志

二、劳动防护用品的验收

(1)用人单位应组织计划、采购、安全、劳动者代表等人员对采购的劳动防护用品进行检查验收，并做好记录，签字确认，不得发放未经过验收的劳动防护用品。

(2)劳动防护用品验收应检查防护用品名称、规格、型号、生产厂家、出厂日期、LA标志、合格证、使用说明书等。特种劳动防护用品还应有安全标志证书、生产许可证、生产资质、经营资质、检查检验报告等。如图10-13所示。

三、劳动防护用品的发放

用人单位应当按照本单位制订的配备标准发放劳动防护用品，并做好登记。按照规定配备和发放劳动防护用品。个体防护装备选用见表10-1。

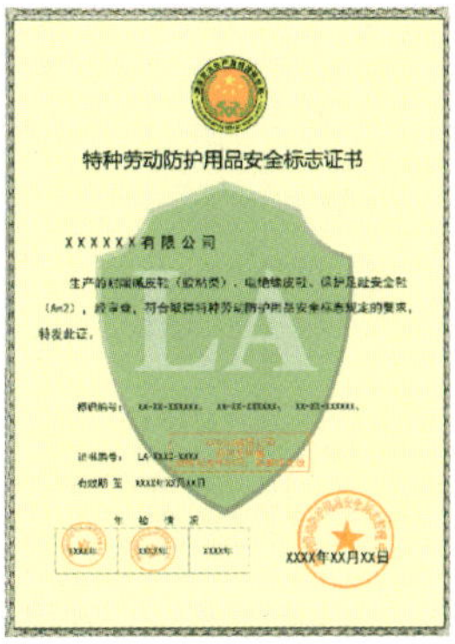

a）安全标志证书

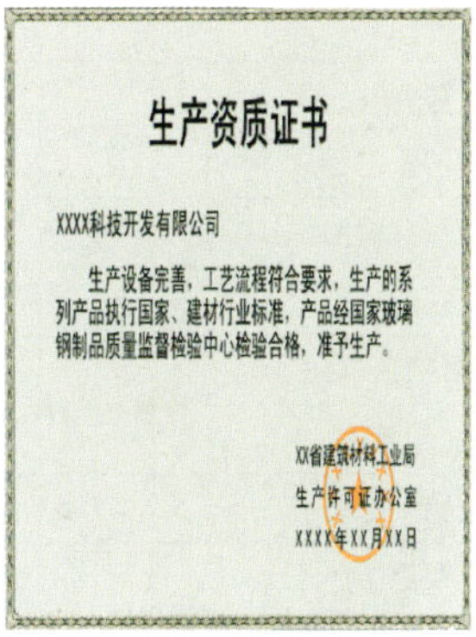

b）生产资质

c）经营资质

d）检验报告

图 10-13 示例图

四、劳动防护用品的使用

（1）施工单位应当对劳动者进行劳动防护用品的使用、维护等专业知识的培训。

（2）施工单位应当督促劳动者对劳动防护用品进行检查，确保外观完好、部件齐全、功能正常，并妥善保存，过期应及时更换。

（3）劳动者在作业过程中，必须按照安全生产规章制度和劳动防护用品使用规范，正确佩戴和使用劳动防护用品。

个体防护装备选用见表 10-1。

五、劳动防护用品的报废

（1）施工单位应当按照劳动防护用品购买时间及有效期限定期进行检查，检查中发现有过期、损坏的，及时更换或报废。

（2）监理单位定期对现场使用的劳动防护用品进行检查，发现有过期、损坏的，督促施工单位及时更换或报废处理。

（3）劳动者在使用过程中，发现劳动防护用品存在损坏、过期的，应当及时报告并要求更换。

个体防护装备选用表

表 10-1

序号	工种	一般个体防护装备								特种个体防护装备																							
		普通防护服	普通工作帽	普通工作鞋	劳动防护手套	防寒服	雨衣	胶靴	耳塞（耳罩）	安全鞋	防刺穿鞋	电绝缘鞋	防静电鞋	耐酸碱皮鞋	耐酸碱胶鞋	胶面防砸安全靴	防静电工作服	防酸工作服	阻燃防护服	绝缘服	防电弧服	带电作业屏蔽服	安全带	平网	密目式安全立网	安全帽	焊接面罩	防冲击护目镜	防尘口罩	过滤式防毒面具	空气呼吸器	自救器	太阳镜
1	钢筋工	√			√	√	√			√						√										√		√	√				
2	模板工	√			√	√	√		√	√						√										√		√	√				
3	混凝土工	√			√	√	√					√				√										√		√	√				
4	混凝土搅拌设备操作工	√		√	√	√	√																			√							
5	砌筑工	√			√	√	√			√	√					√										√			√				
6	防水工	√			√	√	√				√															√			√				
7	隧道工	√			√	√	√		√	√						√										√		√	√				
8	模板台车操作工	√			√	√	√			√						√										√							
9	瓦斯检测员												√				√									√			√				
10	张拉工	√			√	√	√			√																√							
11	挖掘机操作工	√		√	√	√	√																			√			√				
12	装载机操作工	√		√	√	√	√																			√			√				
13	载重汽车驾驶员	√		√	√	√	√																			√			√				
14	压路机操作工	√		√	√	√	√																			√							
15	起重机械操作工	√		√	√	√																				√							
16	起重机械指挥	√		√	√	√	√																			√							√
17	沥青（水泥）混凝土摊铺机操作工	√		√	√	√	√																			√				√			
18	机修钳工	√			√	√	√																			√							
19	架子工	√			√	√	√			√													√			√							
20	爆破作业人员												√				√									√			√				
21	电工	√				√	√			√		√				√				√			√			√		√					
22	焊割工				√	√				√	√								√	√						√	√			√			

注：进入施工现场必须正确佩戴安全帽，在 2m 以上的无可靠安全防护设施的高处、悬崖和陡坡作业时，必须系挂安全带。

(4)安全性能要求高、易损耗的劳动防护用品,应当按照有效防护功能最低指标和有效使用期,定期进行检查试验,不合格的强制报废。有效防护功能最低指标是指要求护品具有的最低的防护能力,如:5kg 钢锤自 1m 高度自由落下,冲击到戴在木质头模上的安全帽具有足够的强度和良好的缓冲效果。有效使用期是指能达到有效防护功能最低指标的使用时间。

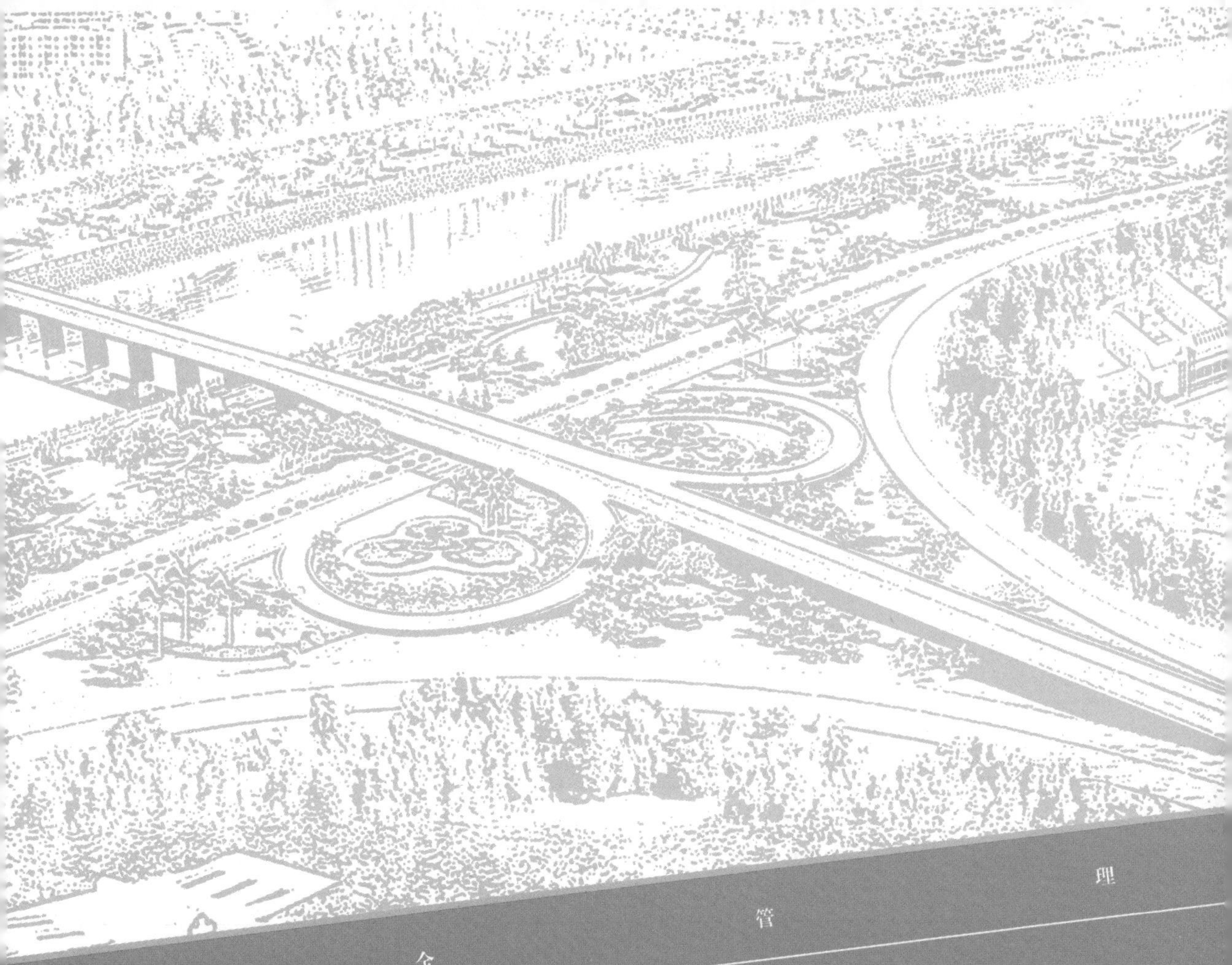

安 全 管 理

第十一章 PART 11

安全风险评估

第一节　一般规定

在进行安全风险评估时，通常要满足以下一般规定：

（1）安全风险评估，主要是针对公路工程施工过程中各项作业活动、作业环境、施工设备（机具）、危险物品、施工方案中潜在的风险进行风险源辨识、分析、估测、预控等系列工作。

（2）施工单位应根据风险评估结论，完善施工组织设计和危险性较大工程专项施工方案，制订相应的专项应急预案，对项目施工过程实施预警预控。

（3）施工安全风险评估应遵循动态管理的原则，当工程设计方案、施工方案、工程地质、水文地质、施工队伍等发生重大变化时，应重新进行风险评估。

（4）风险评估报告经监理单位审核后应向建设单位报备。对极高风险（Ⅳ级）施工作业，建设单位须组织专家或安全评价机构进行论证或复评估，提出降低风险的措施建议；当风险等级无法降低时，应及时调整设计、施工方案，并向公路水运工程安全生产监督管理部门备案。

（5）工程开工后，监理单位应督查施工单位安全风险控制措施的落实情况，并予以记录。对施工中存在的重大隐患应及时指出并督促整改，对施工单位拒不整改的，应及时向建设单位及公路水运工程安全生产监督管理部门报告。

（6）施工安全风险评估工作费用应在项目安全生产费用中列支。见表11-1。

安全评估费用列支清单　　表11-1

项　目	列表清单
重大风险源和安全事故隐患评估、监控和整改支出	（1）重大风险源和事故隐患评估费。由建设单位、相关行政主管部门组织的，或者施工单位委托专业安全评估机构对项目重大风险源、重大事故隐患进行评估所发生的相关费用。 （2）重大风险源监控费。对项目重大风险源进行日常监控所发生的相关费用。施工监控不在此列。 （3）重大事故隐患整改费。根据建设单位、相关行政主管部门或者这样安全评估机构出具的评估报告，对重大事故隐患进行整改所发生的相关费用。

第二节　评估程序

施工安全风险评估应按照成立评估小组、制订评估计划、选择评估方法、开展风险分析、进行风险估测、确定风险等级、提出措施建议、编制评估报告的程序进行。

监理单位在审查工程施工组织设计文件、危险性较大分部分项工程专项施工方案、应急预案时，应同时审查施工安全风险评估报告；无风险评估报告的，不得签发开工令。

第三节　总体风险评估

总体风险评估是指开工前根据工程的地质环境条件、建设规模、结构特点、资料完整性等孕险环境与致险因子，评估工程整体风险，确定安全风险等级并提出控制措施建议，属于静态评估。

常用的安全风险评估方法有指标体系法、专家调查法、风险评价矩阵法、检查表法、LEC评价法等。

隧道桥梁工程总体风险评估方法推荐采用指标体系法，路堑高边坡工程体风险评估方法推荐采用专家调查评估法和指标体系法。

风险评估等从低到依次为一至四级，经总体风险评估Ⅲ级（高度风险）及以上的工程，应开展专项风险评估。总体风险分级标准见表11-2～表11-4。

隧道工程施工安全总体风险分级标准　　表11-2

风险等级	计算分值R	风险等级	计算分值R
等级Ⅳ（极高风险）	22分及以上	等级Ⅱ（中度风险）	7～13分
等级Ⅲ（高度风险）	11～21分	等级Ⅰ（低度风险）	0～6分

桥梁工程施工安全总体风险评估　　表11-3

风险等级	计算分值R	风险等级	计算分值R
等级Ⅳ（极高风险）	14分及以上	等级Ⅱ（中度风险）	5～8分
等级Ⅲ（高度风险）	8～13分	等级Ⅰ（低度风险）	0～4分

路堑高边坡工程施工安全总体风险评估　　表11-4

风险等级	F	风险等级	F
等级Ⅳ（极高风险）	$F>60$	等级Ⅱ（中度风险）	$30<F\leq 45$
等级Ⅲ（高度风险）	$45<F\leq 60$	等级Ⅰ（低度风险）	$F\leq 30$

第四节　专项风险评估

一、一般要求

(1)专项风险评估是在总体风险评估基础上，对达到高度风险及以上的工程为评估单元，以施工作业活动为评估对象，根据其安全风险特点及类似工程事故情况，进行风险普查、辨识、分析、估测；并针对其中的重大风险源量化评估，划分风险等级，提出风险控制措施，属于动态评估。

(2)专项风险评估前应按照施工组织设计所确定的施工工法，分解施工作业程序，结合工序（单位）作业特点、环境条件、施工组织等致险因子，辨识施工作业活动中典型事故类型，从而建立风险源普查清单，并通过风险分析和估测，确定重大风险源。

(3)分部分项工程开工前，应完成施工前专项风险评估，形成专项风险评估报告。

(4)施工过程中出现如下情况之一的，应开展施工过程专项风险评估：

①经论证出现了新的重大风险源。

②风险源（致险因子）发生了重大变化。

(5)专项风险评估的基本程序包括风险源普查、辨识、分析，并针对重大风险源进行估测。如图11-1所示。

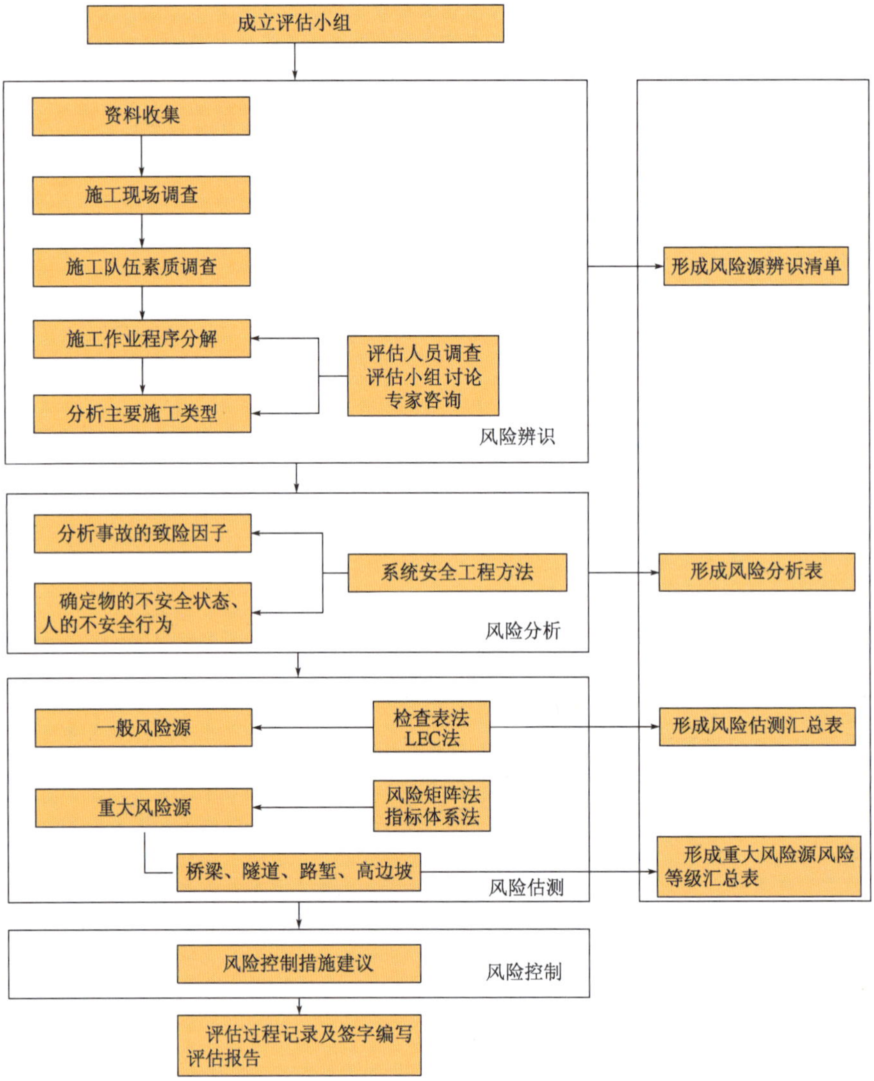

图 11-1　专项风险评估流程图

二、风险源辨识

(1)风险源辨识是风险评估的基础,主要包括工程资料的收集整理、施工现场地质条件调查、施工队伍素质和管理制度调查、施工作业程序的分解、施工作业可能发生的安全事故辨识。

(2)施工作业程序的分解,可参照相关规定以及施工组织设计文件所确定的施工工艺,将公路工程按照单位工程、分部工程、分项工程、主要工序(单位)作业层次进行分解,明确单位作业主要工序、施工方法、作业程序、机械设备和建筑材料等特点,从中辨识致险因子。

三、风险分析

风险分析是采用系统安全工程的方法,通过评估小组讨论会的形式实施,一般可采用鱼刺图法、危害及操作性评估(HAZOP)、故障模式与影响分析(FMEA)、故障树分析法、事件树分析法等进行分析，从人、机、料、法、环等方面对可能导致事故的致险因子进行分析，找出可能导致事故发生的物的不安全状态和人的不安全行为。

四、风险估测

(1)风险估测是指采用定性或定量的方法，对风险事故发生的可能性及严重程度进行数量估算。风险大小 = 事故发生的可能性 × 事故严重程度。事故的可能性标准见表 11-5。

事故可能性等级标准 表 11-5

概率范围	中心值	概率等级描述	概率等级
>0.3	1	很可能	4
0.03 ~ 0.3	0.1	可能	3
0.003 ~ 0.03	0.01	偶然	2
<0.003	0.001	不太可能	1

(2)风险估测方法应结合工程施工组织设计内容、安全管理方案、可能发生的事故特点等因素确定。事故可能性评估可选用专家调查法、故障树分析法、事件树分析法等；事故严重程度评估可选用专家调查法等。

(3)一般风险源的风险估测，不宜过分强调精确量化；评估小组可自行设计简单风险等级判断标准，重大风险源的风险估测，应进行定量风险估测，确定风险等级。

(4)采用矩阵法将事故可能性和严重程度进行组合，估测风险等级，专项风险等级分为四级低度(Ⅰ级)、中度(Ⅱ级)、高度(Ⅲ级)、极高(Ⅳ级)。风险等级标准见表 11-6。

风险等级标准 表 11-6

可能性等级 \ 严重程度等级		一般	较大	重大	特大
		1	2	3	4
很可能	4	高度Ⅲ	高度Ⅲ	极高Ⅳ	极高Ⅳ
可能	3	中度Ⅱ	高度Ⅲ	中度Ⅲ	极高Ⅳ
偶然	2	中度Ⅱ	中度Ⅱ	高度Ⅲ	高度Ⅲ
不太可能	1	低度Ⅰ	中度Ⅱ	中度Ⅱ	高度Ⅲ

第五节 重大风险源风险估测

一、一般规定

(1)重大风险源估测应采用定性与定量相结合方法，事故严重程度的估测方法推荐采用专家调查法，事故可能性的估测方法采用指标体系法。

(2)事故可能性应重点考虑物的状态、人的因素及施工管理缺陷。事故严重程度主要考虑人员伤亡和直接经济损失。

(3)物的不安全状态引起的事故可能性评估指标选取时,主要考虑某些典型事故类型。

(4)人的因素及施工管理引发的事故可能性的评估指标体系,是将评估指标分值通过公式计算根据分值对照表对照,再计算事故的可能性。

(5)评估人员根据工程进度,宜绘制施工安全风险分布图,并附到评估报告中,同时以列表方式汇总重大风险源。

二、桥梁工程重大风险源估测

(1)桥梁工程中物的不安全状态引发的事故可能性评估,按照《公路桥梁和隧道工程施工安全风险评估指南》建立人工挖孔桩施工、基坑施工、水上群桩施工、墩(柱)塔施工、支架法现浇作业、悬臂浇筑法作业、悬臂拼装法作业、架桥机安装作业等评估指标体系。

(2)根据事故发生的可能性和严重程度等级,采用风险矩阵法确定桥梁具体施工作业活动的风险等级。

三、隧道工程风险估测

(1)隧道工程中物的不安全状态引起的事故可能性,应根据事故类型选择适当的评估指标来确定其等级,按照《公路桥梁和隧道工程施工安全风险评估指南》建立坍塌、涌水突泥、瓦斯爆炸事故等评估指标体系。

(2)隧道坍塌事故的可能性,可从施工区段的围岩级别、断层破碎带、渗水状态、地质符合性、施工方法、施工步距等指标进行估算。

(3)根据事故发生的可能性和严重程度等级,采用风险矩阵法确定隧道施工区段发生某种重大风险源风险等级。

四、路堑高边坡风险估测

(1)路堑高边坡工程中物的不安全状态引起的事故可能性评估以单一的工程措施为对象,针对重大风险源和《公路工程路堑高边坡工程施工安全风险评估》建立边坡开挖、预应力锚固、人工挖孔抗滑桩、抗滑挡墙、地下排水隧洞、注浆加固等评估指标体系。

(2)评估指标应按重要性从高到低顺序排列,通过权重系数调节各评估指标的重要性。

(3)边坡变形破坏迹象根据现场的裂缝展布情况确定,也可根据边坡变形量、变形速率及支挡加固结构内力的变化确定。

(4)根据事故可能性等级、事故严重程度等级,采用风险矩阵法确定路堑高边坡各项工程措施的施工安全风险等级。

第六节　风险控制

一、一般要求

(1)风险控制应根据风险评估结果按照风险接受准则,提出风险控制措施。且还应根据工程特点、风险评估结果、成本效益比等,选择合适的风险控制措施。措施建议应具体准确并具操作性；且应根据不同的风险等级提出分级控制措施，实施现场管理和监控预警。风险接受准则见表 11-7。

风险接受准则　　表 11-7

风险等级	接受准则	处理措施
低度	可忽略	不需采取风险处理措施和监测
中度	可接受	一般不需采取风险处理措施，但需予以监测
高度	不期望	必须采取风险处理措施降低风险并加强监测，且满足降低风险的成本不高于风险发生后的损失
极高	不可接受	必须高度重视，采取切实可行的规避措施并加强监测，否则要不惜代价将风险至少降低到不可期望的程度

（2）一般风险源控制措施由施工单位按常规制订，重点风险源控制措施应按照预案、预警、预防等三阶段逐一明确要求。经专项风险评估达到高度风险及以上的施工作业活动或施工区段，应采取完善专项施工方案及应急预案、开展施工监测与预警、提高现场防护条件、加强施工安全技术交底和风险告知等措施，防止重大险情或事故发生。

（3）针对风险事故的原因采取风险控制措施，措施主要包括施工方案调整、加强安全措施、提高管理水平和人员的素质。

二、一般风险源控制

（1）一般危险源控制措施应根据有技术标准、安全管理要求来制订。一般风险源对应的触电、高处坠落、物体打击、车辆伤害、火药爆炸、火灾等事故的风险控制措施应简明扼要，明确安全防护、安全警示、安全教育、现场管理等方面的具体适宜的风险控制措施。

（2）现场施工应建立重大风险源监控和预警预报体系，明确预警预报标准，通过对施工监控数据的动态管理，及时掌握其发展状态，发现异常或超过警戒值，应及时采取规避措施，做好风险事故处理准备工作。

（3）专项风险等级达到Ⅲ级（高度风险）及以上的施工作业活动或施工区段，其重大风险源的监控与预防措施、应急预案，应按规定组织论证或复评估后方能实施。

第七节　风险评估报告编制

风险评估报告是施工安全风险评估过程的记录，应反映风险评估过程的全部工作，将风险评估过程中的记录表格、采用的评估方法、获得的评估结果、推荐的控制措施等写入评估报告中。

风险评估报告应内容全面，文字简洁，数据完整，客观公正，提出的风险控制措施具有可操作性。

总体风险评估和专项风险评估的最终报告，应作为工程项目竣工文件进行归档管理。

常用风险评估方法特点见表 11-8。

常用风险评估方法特点 表 11-8

分类	名　称	优　点	缺　点	适用范围
定性分析法	专家评议法	简单易行,比较客观;所得结论比较全面、正确,能够对各种模糊的、不确定的问题作出较为准确的回答	由于主要依赖于专家的水平和判断,因此易受主观因素的影响,可能使结果产生偏差,容易偏保守	适用于难以借助精确的分析技术而可依靠专家的集体直观判断进行预测的危险源分析问题
	专家调查法(智暴法、菲德尔法)	可防止由于专家多而产生当面交流困难、效率低;避免因权威作用或人数多而压倒其他意见;多次征询意见	由于专家不能当面交流,缺乏沟通,可能会坚持错误意见;由于是函询法,且多次重复,会使某些专家最后不耐烦而不仔细考虑填写;同时,具有专家评议法的缺点	难以借助精确分析技术而可依靠集体的直观判断进行预测的风险分析问题;问题复杂、专家代表不同的专业并没有交流的历史;受时间、经费限制,或因专家之间存有分歧、隔阂不宜当面交换意见
	"如果…怎么办"法	经济有效,可充分发挥专业人员的知识特长、集思广益,可找出一个工程所存在的危险、有害性及其程度,提出消除或降低其危害程度的对策措施,比较醒目、直观	该方法要求参与人员要熟悉工艺、设备,并且要收集类似工程的有关情况,以便分析,综合判断;对于较大的系统进行分析时,表格数量多,工作量大,且容易产生错漏	可适用于一个系统,也可适用于系统中一个环节,适用范围广;但不适用于较大系统分析,只适用于其系统中某一环节或小系统
	失效模式和后果分析法	对于一个系统内部每个部件的失效模式或不正常运行模式都可以进行详细分析,并推断它对于整个系统的影响、可能产生的后果以及如何才能避免或减少损失	只能用于考虑非危险性失效,花费时间,一般不能考虑各种失效的综合因素	可用在整个系统的任何一级,常用于分析某些复杂的关键设备
半定量分析法	事故树法	对易导致灾害事故的各种因素及逻辑关系能作出全面、简洁和形象的描述;便于查明系统固有的或潜在的各种危险因素,为设计、施工和管理提供科学依据;便于进行逻辑运算,定性、定量分析和系统评价	步骤较多,计算复杂	应用比较广,非常实用于复杂性较大的系统;在工程设计阶段对事故查询时,都可以使用此方法对它们的安全性作出评价;经常用于直接经验较少的危险源辨识
	事件树法	采用图解形式,层次清楚、阶段明显,可进行多阶段、多因素复杂事件动态发展过程的分析,预测系统中事故发生的趋势	进行定量分析还需要做大量的工作,用于大系统时,容易产生遗漏和错误;不能分析平行产生的后果,不能进行详细分析;事件树的大小随着问题中变量个数呈指数增长	事件树可以用来分析系统故障、设备失效、工艺异常、人的失误等,应用比较广泛

续上表

分类	名称	优点	缺点	适用范围
半定量分析法	影响图方法	能够明显地表示一个决策分析问题中变量之间的条件独立关系;能够清晰地表示变量之间的时序关系、信息关系和概率关系,适合决策者认识问题的思维过程;网络表示形式便于用计算机存储信息和操作处理	节点的边缘概率和节点间的条件概率难得到;进行主观概率估计时,可能会违反概率理论	与事件树法适用性类似,它比事件树法有更多的优点,因此,也可以应用于较大的系统分析
	原因—结果分析法	是故障树和事件树的结合使用,同时具有这两种方法的优点和缺点		其适用性与故障树和事件树法类似,适用于在设计、操作时用来辨识事故的可能结果及原因。不适用于大型系统
	风险评价矩阵法	根据系统层次按顺序揭示系统、分系统和设备中的危险源,做到不漏任何一项,并按风险的可能性和严重性分类,以便分别按轻重缓急采取措施,更适合现场作业,可以进行定性和定量分析	主观性比较强,如果经验不足,会给分析带来麻烦;风险严重等级及风险发生频率是研究者自行确定的,存在较大的主观误差	可根据使用的需求对风险等级划分进行修改,使其适应不同的分析系统,但要有一定的工程经验和数据资料做依据;即可适用于整个系统,又可适用于系统中某一环节
定量分析法	模糊综合判断法	给出了一个数学模型,它简单、容易掌握,是对多因素、多层次的复杂问题评判效果比较好的方法,适用性较广	隶属函数或隶属度的确定、评价因素对评价对象的权重的确定都有很大的主观性,其结果也存在较大主观性;同时对于多因素、多层次的复杂评价,其计算则比较复杂	适用于任何系统的任何环节,其适用性比较广
	层次分析法	具有适用、简洁、系统的特点	得出的结果是粗略的方案排序,对于有较高定量要求的决策问题,无论是建立层次结构还是构造判断矩阵,人的主观判断、选择、偏好对结果影响极大,判断失误即可能造成决策失误	应用领域比较广阔,可以分析社会、经济以及科学管理领域中的问题;使用于任何领域的任何环节,但不适用于层次复杂的系统
	蒙特卡洛模拟法	能够用于包括随机变量在内的任何计算类型;考虑的变量数目不受限制;用于计算的随机变量可以根据具体数据采用任何分布形式;可以更有效地发挥专家的作用	能够在实际中采取的模拟系统非常复杂,建立模型很困难;没有计入风险因素之间的相互影响,使得风险估计结果可能偏小	比较适合在大中型项目中应用;可以解决许多复杂的概率运算问题,以及适合于不允许进行真实试验的场合;对于那些费用较高的项目或费事较长的试验,具有很好的优越性;一般只进行较精心的系统分析才使用,适用于问题比较复杂、要求精度较高的场合,特别是对少数可行方案实行精选时十分必要

续上表

分类	名　称	优　点	缺　点	适用范围
定量分析法	等风险图法	方便直观、简单有效,对任何一个具体项目,只要得到其风险发生概率和风险后果,就可直接得到其风险系数	需要得到风险发生概率和风险后果两个变量值,而这在实际操作中不易得到,需借助其他分析方法,因此也具有其他分析方法的缺点;只能确定风险系数位于哪一个区间内,如需得到具体数值,还需进行计算	适用于对结果要求精确度不高,只要进行粗略分析的项目,同时只进行一个项目一个方案分析,该方法相对烦琐,适用于多个类似项目同时分析或一个项目的多个方案比较分析时使用
	控制区间记忆模型	该方法用直方图代替变量的概率分布,用“和”代替函数积分,变量的概率分布采取经验分布形式,使风险因素量化过程变得简单、直观,易于实现概率的加法和乘法计算	只适用于各变量间互相独立的情况,且最终结果的精确与否与所取区间大小关系很大	适用于结果精确要求不高的项目,且只适用于变量间相互独立或相关性可忽略的项目
	神经网络方法	适用于结果精确要求不高的项目,且只适用于变量间相互独立或相关性可忽略的项目	在已知数据不足或无法准确构造训练样本集的情况下,需要结合其他综合评估	预测问题,原因和结果的关系模糊的场合;模式辨识,设计模糊信息的场合;不一定非要得到最优解,主要是快速求得与之相近的优解的场合;组合数量非常多,实际求解集合不可能的场合;对非线性很高的系统进行控制的场合
	主成分析法	能将多个指标转化为少数几个指标进行降维处理;能够将指标之间的关联性考虑在内,但计算比较简单;在大样本的情况下,个别样本对主成本的影响不会很大	评价标准的不可继承性;评价工作的盲目性;评价结果和评价指导思想的矛盾性;需借助较多的统计资料。	主成分分析法可适用于各个领域,但其结果只是在比较相对大小时才有意义
综合分析法	专家信心指数法	具有德尔菲法的优点,一定程度上克服了德尔菲法受个人主观因素影响大的缺点	同德尔菲法	同德尔菲法
	模糊层次综合评估方法	同时拥有层次分析法和模糊数学综合评判的优点;克服了模糊数学综合评判法中评价因素对评价对象的权重确定主观性强等缺点	除了模糊数学综合评判法的权重确定的主观性的缺点之外,同时具有层次分析法和模糊数学综合评价法的缺点	在体系评价、效能评估,系统优化等方面有着广泛的应用,其适用范围与模糊数学综合评判法一致

续上表

分类	名　　称	优　　点	缺　　点	适 用 范 围
综合分析法	模糊事故树分析法	兼有模糊数学综合评判法和事故树法的优点；避免了对统计资料的强烈依赖性，为事故概率的估计提供了新思路	除了对统计资料的强烈依赖性之外，同时具有模糊数学综合评判法和事故树法的缺点	适用范围与事故树法相同，与事故树法相比，更适用于那些缺乏基本统计数据的项目
	事故树与模糊综合评判组合分析法	兼有事故树法和模糊数学综合评判法的优点；避免了在确定因素集过程中出现错漏；对风险影响系数大的因素进行分析，得到的结果更科学、合理	除了模糊数学综合评判法的权重确定的主观性缺点之外，同时具有模糊数学综合评判法和事故树法的缺点	与事故树法相同

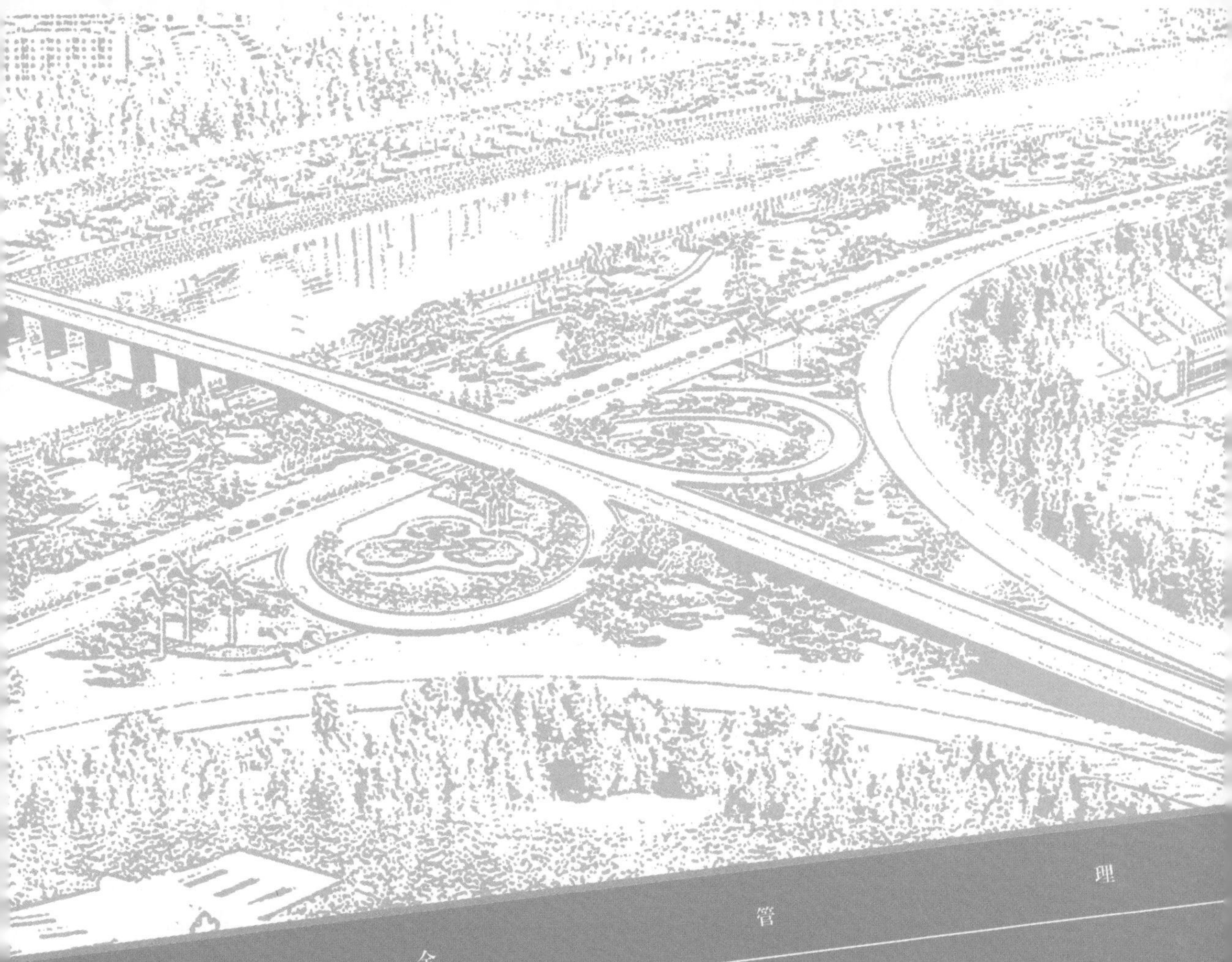

安 全 管 理

第十二章
PART 12

重大(重要)危险源管理

第一节　重大危险源与重要危险源概念

国家《安全生产法》《危险化学品重大危险源辨识》等法律或标准中对重大危险源的定义主要是针对危险化学品行业，是指长期的或者临时的生产、搬运、使用或者储存危险物品，且危险物品的数量等于或者超过临界量的单元(包括场所和设施)。见表12-1、表12-2。

危险化学品名称及其临界量　　表12-1

序号	类　别	危险化学品名称和说明	临界量(*T*)
1	爆炸品	叠氮化钡	0.5
2		叠氮化铅	0.5
3		雷酸汞	0.5
4		三硝基苯甲醚	5
5		三硝基甲苯	5
6		硝化甘油	1
7		硝化纤维素	10
8		硝酸铵(含可燃物 >0.2%)	5
9	易燃气体	丁二烯	5
10		二甲醚	50
11		甲烷,天然气	50
12		氯乙烯	50
13		氢	5
14		液化石油气(含丙烷、丁烷及其混合物)	50
15		一甲胺	5
16		乙炔	1
17		乙烯	50
18	毒性气体	氨	10
19		二氟化氧	1
20		二氧化氮	1
21		二氧化硫	20
22		氟	1
23		光气	0.3
24		环氧乙烷	10
25		甲醛(含量 >90%)	5
26		磷化氢	1
27		硫化氢	5
28		氯化氢	20
29		氯	5

续上表

序号	类　别	危险化学品名称和说明	临界量(T)
30	毒性气体	煤气(CO、CO 和 H_2、CH_4 的混合物等)	20
31		砷化三氢(胂)	12
32		锑化氢	1
33		硒化氢	1
34		溴甲烷	10
35	易燃液体	苯	50
36		苯乙烯	500
37		丙酮	500
38		丙烯腈	50
39		二硫化碳	50
40		环己烷	500
41		环氧丙烷	10
42		甲苯	500
43		甲醇	500
44		汽油	200
45		乙醇	500
46		乙醚	10
47		乙酸乙酯	500
48		正己烷	500
49	易于自燃的物质	黄磷	50
50		烷基铝	1
51		戊硼烷	1
52	遇水放出易燃气体的物质	电石	100
53		钾	1
54		钠	10
55	氧化性物质	发烟硫酸	100
56		过氧化钾	20
57		过氧化钠	20
58		氯酸钾	100
59		氯酸钠	100
60		硝酸(发红烟的)	20
61		硝酸(发红烟的除外，含硝酸 >70%)	100
62		硝酸铵(含可燃物≤0.2%)	300
63		硝酸铵基化肥	1000
64	有机过氧化物	过氧乙酸(含量≥60%)	10

续上表

序号	类　别	危险化学品名称和说明	临界量(*T*)
65	有机过氧化物	过氧化甲乙酮(含量≥60%)	10
66	毒性物质	丙酮合氰化氢	20
67		丙烯醛	20
68		氟化氢	1
69		环氧氯丙烷(3-氯-1,2-环氧丙烷)	20
70		环氧溴丙烷(表溴醇)	20
71		甲苯二异氰酸酯	100
72		氯化硫	1
73		氰化氢	1
74		三氧化硫	75
75		烯丙胺	20
76		溴	20
77		乙撑亚胺	20
78		异氰酸甲酯	0.75

未在表 12-1 中列举的危险化学品类别及其临界量 　表 12-2

类　别	危险性分类及说明	临界量(*T*)
爆炸品	1.1A 项爆炸品	1
	除 1.1A 项外的其他 1.1 项爆炸品	10
	除 1.1 项外的其他爆炸品	50
气体	易燃气体:危险性属于 2.1 项的气体	10
	氧化性气体:危险性属于 2.2 项非易燃无毒气体且次要危险性为 5 类的气体	200
	剧毒气体:危险性属于 2.3 项且急性毒性为类别 1 的毒性气体	5
	有毒气体:危险性属于 2.3 项的其他毒性气体	50
易燃液体	极易燃液体:沸点≤35℃且闪点<0℃的液体;或保存温度一直在其沸点以上的易燃液体	10
	高度易燃液体:闪点<23℃的液体(不包括极易燃液体);液态退敏爆炸品	1000
	易燃液体:23℃≤闪点<61℃的液体	5000
易燃固体	危险性属于 4.1 项且包装为Ⅰ类的物质	200
易于自燃的物质	危险性属于 4.2 项且包装为Ⅰ或Ⅱ类的物质	200
遇水放出易燃气体的物质	危险性属于 4.3 项且包装为Ⅰ或Ⅱ的物质	200
氧化性物质	危险性属于 5.1 项且包装为Ⅰ类的物质	50
	危险性属于 5.1 项且包装为Ⅱ或Ⅲ类的物质	200

续上表

类　别	危险性分类及说明	临界量(T)
有机过氧化物	危险性属于5.2项的物质	50
毒性物质	危险性属于6.1项且急性毒性为类别1的物质	50
	危险性属于6.1项且急性毒性为类别2的物质	500

注:以上危险化学品危险性类别及包装类别依据 GB 12268 确定,急性毒性类别依据 GB 20592 确定。

公路建设工程中使用的危化品数量一般难以突破临界量,重大危险源概念不适用,故引入重要危险源概念。

建设工程重要危险源一般是指在项目开工前通过危险源辨识、风险评价确定的,在生产过程中存在的,一旦失控可能导致作业人员伤亡,或对项目安全生产造成较大不良影响的危险因素。

第二节　重要危险源辨识及评价

一、危险源辨识

(1)危险源辨识是发现、识别系统中危险因素,是危险源控制的基础。施工单位应完善危险源辨识机制,工程开工前,项目负责人应组织工程技术人员、管理人员、班组长等成立危险源辨识小组,根据设计文件、施工调查情况、施工组织设计、施工工艺流程、相关规程、标准、有关事故案例等辨识施工过程中可能存在的危险源。

(2)施工过程中应根据施工计划,定期辨识下阶段施工内容中涉及的危险源,以实现动态管理。

(3)危险源辨识方法可粗略地分为对照法和系统安全分析法两大类。见表12-3。

危险源辨识方法分类及辨识原理　　表12-3

方　法	辨 识 原 理
对照法	与有关的标准、规范、规程或经验相对照来辨识危险源,是一种基本经验的方法,适用于有以往经验可借鉴的情况
系统安全分析法	从安全角度进行系统分析,通过揭示系统中可能导致系统故障或事故的各种因素及其相互关联来辨识系统中的危险源。经常被用来辨识可能带来严重事故后果的危险源,也可用于辨识没有事故经验的系统的危险源

(4)危险源辨识的程序为:危险源调查→危险区域界定→存在条件分析→触发因素分析→潜在危险性分析→危险源等级划分。见表12-4。

危险源辨识程序　　表12-4

序号	工 作 项 目	主 要 内 容
1	危险源调查	生产工艺设备及材料情况、作业环境情况、操作情况、事故情况、安全防护情况
2	危险区域界定	建设工程一般按作业工序来界定危险区域

续上表

序号	工作项目	主要内容
3	存在条件分析	由于存在条件不同，所显现的危险源性也不同，被触发转换为事故的可能性大小也不同。存在条件分析包括：储存条件（如堆放方式、其他物品情况、通风等），物理状态参数（如温度、压力等），设备状况（如设备完好程度、设备缺陷、维修保养情况等），防护条件（如防护措施、故障处理措施、安全标志等），操作条件（如操作技术水平、操作失误率等），管理条件等
4	触发因素分析	触发因素可分为人为因素和自然因素。人为因素包括个人因素（如操作失误、不正确操作、粗心大意、漫不经心、心理因素等）和管理因素（如不正确管理、不正确的训练、指挥失误、判断决策失误、设计差错、错误安排等）。自然因素是指引起危险源转化的各种自然条件及其变化。如气候条件参数（气温、气压、湿度、大气风速）变化，雷电，雨雪，振动，地震等
5	潜在危险性分析	危险源转化为事故，其表现是能量和危险物质的释放，因此危险源的潜在危险性可用能量的强度和危险物质的量来衡量
6	危险源等级划分	通常根据危险源的潜在危险性大小、控制难易程度、事故可能造成损失情况进行综合分级

二、危险源评价

（1）为了从根本上预防和控制重大及以上事故发生，必须对已辨识出的危险源进行评价，进一步辨识出重要危险源并制订管控措施。

（2）国内外已经开发出的危险源风险评价方法有几十种之多，应根据评价目标、适用范围、应用条件、优缺点不同相应选用。见表12-5。

风险评价方法比较　　表12-5

评价方法	评价目标	定性定量	方法特点	适用范围	应用条件	优缺点
安全检查表（SCL）	危险有害因素分析，安全等级	定性 半定量	按事先编制的有标准要求的检查表逐项检查，按规定赋分标准赋分，评定安全等级	各类系统的设计、验收、运行、管理、事故调查	有事先编制的各类检查表，有赋分、评级标准	简便、易于掌握，编制检查表难度及工作量大
预先危险性分析（PHA）	危险有害因素分析，危险性等级	定性	讨论分析系统存在的危险、有害因素、触发条件、事故类型，评定危险性等级	各类系统设计、施工、生产、维修前的概略分析和评价	分析评价人员熟悉系统，有丰富的知识和实践经验	简便易行，受分析评价人员主观因素影响
故障类型和影响分析（FMEA）	故障（事故）原因影响等级	定性	列表分析系统（单元、元件）故障类型、故障原因、故障影响，评定影响程度等级	机械电气系统、局部工艺工程，事故分析	分析评价人员，熟悉系统，有丰富的知识和实践经验，有根据分析要求编制的表格	较复杂、详尽，受分析评价人员的主观因素影响

续上表

评价方法	评价目标	定性定量	方法特点	适用范围	应用条件	优缺点
事件树（ETA）	事故原因，触发条件，事故概率	定性定量	归纳法，由初始实践判断系统事故原因及条件，由事件概率计算系统事故概率	各类局部工艺	熟悉系统、元素间的因果关系，有各事件发生概率	简便易行，受分析评价人员主观因素影响
故障树（FTA）	事故原因，事故概率	定性定量	演绎法，由事故和基本事件逻辑推断事故原因，由基本事件概率计算事故概率	宇航、核电、工艺设备等复杂系统事故分析	熟练掌握方法和事故、基本事件间的联系，有基本事件概率	复杂、精确、工作量大，故障树编制有误，容易失真
LEC 法	危险性等级	定性 半定量	按规定对系统的事故发生可能性、人员暴露情况、危险程度赋分，计算后评定危险性等级	各类生产作业条件	赋分人员熟悉系统，对安全生产有丰富知识和实践经验	简便实用，受分析评价人员主观因素影响

（3）作业条件危险性分析法（LEC 法）是对建筑行业作为人员危险性分析及风险评价的有效方法。

（4）作业条件危险性分析法（LEC 法）是用事故发生的可能性（L）、人员暴露于危险环境中的频繁程度（E）、事故可能造成的后果（C）这三种因素指标值之积，即危险性（D）来评价操作人员伤亡风险大小的方法。根据分值的不同，将危险等级分为“极其危险，不能继续作业”“高度危险，需要立即整改”“显著危险，需要整改”“一般危险，需要注意”“稍有危险，可以接受”5 个等级。将 D 值与（危险性等级划分）标准中的分值相比较，若 D 值大于 70 分，应列为重要危险源管理。见表 12-6、表 12-7。

与系统风险有关的三种因素指标值 表 12-6

事故发生的可能性（L）	分数值	人员暴露于危险环境中的频繁程度（E）	分数值	发生事故可能造成的后果（C）	分数值
完全可以预料	10	连续暴露	10	大灾难，许多人死亡，或造成重大财产损失	100
相当可能	6	每天工作时间内暴露	6	灾难，数人死亡，或造成很大财产损失	40
可能，但不经常	3	每周一次或偶然暴露	3	非常严重，一人死亡，或造成一定的财产损失	15
可能性小，完全意外	1	每月一次暴露	2	严重，重伤，或造成较小的财产损失	7
很不可能，可以设想	0.5	每年几次暴露	1	重大，致残，或很小的财产损失	3
极不可能	0.2	非常罕见的暴露	0.5	引人注目，不利于基本的安全卫生要求	1
实际不可能	0.1				

危险等级划分(D) 表12-7

危险程度	分数值	危险程度	分数值
极其危险,不能继续作业	>300	一般危险,需要注意	20~70
高度危险,需要立即整改	160~300	稍有危险,可以接受	生产过程<20
显著危险,需要整改	70~160		

第三节　重要危险源监控

一、重要危险源监控目的

重要危险源监控的目的是对重要危险源的安全状况进行实时监控,当危险源由安全状态向事故隐患转化时,及时发出预警信息并采取措施,避免事故发生。

二、危险源与事故隐患及事故关系

(1)事故隐患是指生产经营单位违反安全生产法律、法规、规章、标准、规程和安全生产管理制度的规定,或者因其他因素在生产经营活动中存在可能导致事故发生的人的不安全行为、物的危险状态、场所的不安全因素和管理上的缺陷。

(2)在施工生产过程,危险源是无处不在、客观存在的,但危险源的存在不一定存在事故隐患。因危险源管控不到位,出现人的不安全行为、物的危险状态、场所的不安全因素和管理上的缺陷,从而形成事故隐患,而事故隐患未得到及时的排查治理,就可能导致事故的发生。重要危险源未管控到位,就可能导致重大事故隐患的出现及重大以上事故的发生。

三、重要危险源监控措施

(1)根据危险源与事故隐患及事故的关系可以看出,确保重要危险源受控是重要危险源管理的关键。从重大事故隐患治理到重要危险源监控是重大事故预防思想的进步,是从源头上抓预防,是落实"预防为主,关口前移"的具体体现。

(2)重要危险源的监控主要包含以下内容:

①分析重要危险源转化为事故隐患的临界条件及造成的后果。

②根据重要危险源转化为事故隐患的临界条件,制订有针对性的重要危险源控制措施,控制措施应按消除→替代→工程控制措施→标志、警告(或)管理控制措施→个体防护装备顺序考虑。

③针对重要危险源的控制措施,明确管控责任人。

④相关责任人对照控制措施跟踪落实,掌握重要危险源状况。

⑤定期分析评价重要危险源的控制效果,调整或改进相关措施。

⑥根据改进后的控制措施,动态跟踪监控。

⑦确认重要危险源受控或销号。

(3)根据管理层级、管理深度不同,为充分调动各方管理力量,确保重要危险源受控,一般采取分级监控的方式进行。见表12-8。

监控层级划分　　表12-8

序号	层级单位	监控分级
1	项目部	项目部对辨识出的所有危险源进行监控管理，对辨识评价出的所有重要危险源进行建档管控，并按照分级标准初步进行等级划分
2	子、分公司	子、分公司对所辖项目初步划分等级的重要危险源进行审核和评估，最终确定需监控的重要危险源
3	集团公司	集团公司对各子、分公司确定的重要危险源进行再次审核和评估，最终确定需监控的重要危险源

四、重要危险源监控相关要求

(1)生产经营单位要加强重要危险源的安全管理与检测监控，建立健全重要危险源安全管理规章制度，制订重要危险源安全管理与监控的实施方案，对本单位的重要危险源进行登记建档，建立重要危险源管理档案。

(2)生产经营单位要对从业人员进行安全生产教育和培训，使其熟悉重要危险源安全管理制度和安全操作规程，掌握本岗位的安全操作技能等。

(3)生产经营单位要将重要危险源可能发生事故时的危害后果、应急措施等信息告知周边单位和人员。

(4)生产经营单位要在重要危险源现场设置明显的安全警示标志，要对重要危险源的安全状况以及重要的设备设施进行定期检查、检测、检验，并做好记录。

(5)对存在事故隐患的重要危险源，必须立即整改，防止事故发生。要制订整改方案，落实整改资金、责任人、期限等。整改期间要采取切实可行的安全措施，防止事故发生。

(6)生产经营单位要制订重要危险源应急救援预案，配备必要的救援器材、装备，按要求进行事故应急救援演练。

第四节　重要危险源监督管理

重要危险源监督管理，应着重注意以下几个方面：

(1)按照属地管理原则，各级安全生产监督管理部门要建立、健全本辖区内重要危险源的档案，加强对存在重要危险源的生产经营单位的监督检查，督促生产经营单位加强对重要危险源的安全管理与监控。

(2)安全生产监督管理部门在监督检查中发现重要危险源存在事故隐患，应当责令生产经营单位立即排除；在隐患排除前或者排除中无法保证安全的，应当责令生产经营单位从危险区域内撤出作业人员，暂时停产、停业或者停止使用；重大事故隐患排除后，经审查同意，方可恢复生产经营和使用。

(3)任何单位或者个人对生产经营单位重要危险源存在的事故隐患以及安全生产违法行为，均有权向安全生产监督管理部门举报。

(4)安全生产监督管理部门在监督检查中,发现生产经营单位有下列行为之一的,依据《安全生产法》等有关法律法规规定,责令限期改正;逾期未改正的,责令停产停业整顿,并处罚款:

①未对从业人员进行安全教育和技术培训的。

②未在重要危险源现场设置明显的安全警示标志的。

③未对重要危险源设施、设备进行经常性维护、保养和定期检测的。

④未对重要危险源登记建档的。

⑤未对重要危险源进行安全评估的。

⑥未对重要危险源进行定期检测、监控的。

⑦未制定重要危险源应急救援预案的。

⑧其他违反有关法律法规的行为。

安　全　管　理

第十三章 PART 13

生产安全事故隐患排查治理

第一节　生产安全事故隐患定义

生产安全事故隐患，是指生产经营单位违反安全生产法律、法规、规章、标准、规程和安全生产管理制度的规定，或者因其他因素在生产经营活动中存在可能导致事故发生的人的不安全行为、物的危险状态、场所的不安全因素和管理上的缺陷。

第二节　生产安全事故隐患分类

生产安全事故隐患，按照危害与整改难度，可以分为：

(1)一般事故隐患。是指危害和整改难度较小，发现后能够立即整改消除的隐患。

(2)重大事故隐患。是指危害和整改难度较大，需要全部或者局部停产停业，并经过一定时间整改治理方能消除的隐患，或者因外部因素影响致使生产经营单位自身难以消除的隐患。

公路工程建设重大事故隐患是指在建设过程中，可能导致发生重大及以上等级生产安全事故的环境或物的不安全状态、人的不安全行为及管理存在的缺陷。公路工程重大事故隐患清单见表13-1。

公路工程重大事故隐患清单(行业基础版)　　表13-1

工程类别	施工环节	隐患编号	隐患内容	易引发事故类型	判定依据
工程管理	方案管理	GG-001	未按规定编制或未按程序审批危险性较大工程或新工艺、新工法的专项施工方案；超过一定规模的危险性较大工程的专项施工方案未组织专家论证、审查；未按审批的专项施工方案施工	坍塌等	JTG F90-3.0.2
辅助施工	工地建设	GF-001	施工驻地及场站设置在滑坡、塌方、泥石流、崩塌、落石、洪水、雪崩等危险区域	坍塌	JTG F90-3.0.8、4.1.1、4.1.2、4.1.3、4.4
		GF-002	施工现场、生产区、生活区、办公区等防火或临时用电未按规范实施	火灾	
	围堰施工	GF-003	未按设计或方案要求施工围堰；未定期开展围堰监测监控，工况发生变化时未及时采取措施	坍塌、淹溺	JTG F90-5.8.22、8.7；JTG/T F50-12.2.1、12.2.2、13.3.4、13.3.8；77号文件
		GF-004	碰撞、随意拆除、擅自削弱围堰内部支撑杆件或在其上堆放重物		
		GF-005	土石围堰无防排水和防汛措施；钢围堰无防撞措施；侧壁随意驻泊施工船舶		

续上表

工程类别	施工环节	隐患编号	隐患内容	易引发事故类型	判定依据
辅助施工	挂篮施工	GF-006	采用挂篮法施工未平衡浇筑；挂篮拼装后未预压、锚固不规范；混凝土强度未达到要求或恶劣天气移动挂篮	坍塌	JTG F90-8.11.4；JTG/T F50-16.5.1、16.5.4
通用作业	模板作业	GT-001	未按规范或方案要求安装或拆除模板（包括翻模、爬（滑）模、移动模架等）；各类模板使用的螺栓安装数量不足	坍塌	JTG F90-5.2.13、5.2.14、8.9.4、8.9.5、8.11.2；JTG/T F50-5.3、5.5
	支架作业	GT-002	未处置支架基础；支架未按规范或方案要求搭设、预压、验收	坍塌	JTG F90-5.2.1～5.2.7；JTG/T F50-5.4、5.5
		GT-003	支架搭设使用无产品合格证、未经检验或检验不合格的管材、构件		
	特种设备设施作业	GT-004	使用未经检验或验收不合格的起重机械	起重伤害	JTG F90-5.6.1、5.6.9、5.6.16、5.6.17
		GT-005	未按规范或方案要求安装拆除桥式、臂架式或缆索式等起重机械		
		GT-006	使用吊车、塔吊等起重机械吊运人员		
路基工程	高边坡施工	GL-001	含岩堆、松散岩石或滑坡地段的高边坡开挖、排险、防护措施不足	坍塌	JTG F90-6.8.1、6.8.2
	爆破施工	GL-002	未设置警戒区；爆破后未排险立即施工	爆炸	JTG F90-5.10
桥梁施工	深基坑施工	GQ-001	深基坑施工防护措施不足	坍塌	JTG F90-8.8.4
	墩柱施工	GQ-002	桥墩施工未搭设施工作业平台		JTG F90-8.9.2
	梁板施工	GQ-003	梁板安装未采取防倾覆措施		JTG F90-8.11.3
	拱桥施工	GQ-004	拱架支撑体系搭设、拆除不规范；拱圈施工工序、工艺或材料不符合规范		JTG F90-8.12.2；JTG/T F50-15.2.2、15.2.3、15.3
隧道工程	洞口边、仰坡施工	GS-001	雨季、融雪季节边、仰坡施工排险、防护措施不足；边、仰坡开挖未施做排水系统	坍塌	JTG F90-9.2.5；JTG/F 60-5.1.1、5.1.4、5.1.7；JTG/T F60-5.1.3
		GS-002	含岩堆、松散岩石或滑坡地段的边坡开挖、排险、防护措施不足		JTG F90-9.2.5；JTG F60-16.7、16.8；JTG/T F60-15.7、15.8
	洞内施工	GS-003	雨季、融雪季节，浅埋或地表径流地段未开展地表监测	坍塌	JTG F90-9.2.8；JTG F60-5.1.8

续上表

工程类别	施工环节	隐患编号	隐患内容	易引发事故类型	判定依据
隧道工程	洞内施工	GS-004	未按规范或方案要求开展超前地质预报、监控量测	坍塌	JTGF90-9. 17；JTG F60-10. 2；JTG/T F60-9.2、10.2；104 号文件
		GS-005	开挖方法不符合设计或方案要求；开挖前未对掌子面及其临近的拱顶、拱腰围岩进行排险		JTG F90-9.3；104 号文件
		GS-006	未按规范或方案要求初喷及支护；拱架、锚杆等材质不符合设计要求		JTG F90-9.4 ~9.6；104 号文件
		GS-007	仰拱一次开挖长度不符合方案要求；Ⅲ级围岩仰拱距掌子面的距离大于 90m；Ⅳ级围岩仰拱距掌子面的距离大于 50m；Ⅴ级及以上围岩仰拱距掌子面的距离大于 40m；仰拱拱架未闭合		JTG F90-9.3.13；104 号文件
		GS-008	Ⅳ级围岩二衬距掌子面的距离大于 90m，Ⅴ级及以上围岩二衬距掌子面的距离大于 70m		JTG F90-9.11.10
	瓦斯隧道施工	GS-009	工区任意位置瓦斯浓度达到限值；瓦斯检测与防爆设施不符合方案要求	瓦斯爆炸	JTG F90-9.11.8，9.11.10；JTG F60-16.6.6、16.6.7
	防火防爆	GS-010	隧道内土工布、防水板等易燃材料存在火灾隐患	火灾、爆炸	JTG F90-9.1.17；104 号文件
		GS-011	隧道内存放、加工、销毁民用爆炸物品；使用非专用车辆运输民用爆炸物品或人药混装运输		

注：1. JTG F90：《公路工程施工安全技术规范》（JTG F90—2015）；
2. JTG/T F50：《公路桥涵施工技术规范》（JTG/T F50—2011）；
3. JTG F60：《公路隧道施工技术规范》（JTG F60—2009）；
4. JTG/T F60：《公路隧道施工技术细则》（JTG/T F60—2009）；
5. 77 号文件：交通运输部办公厅关于转发重庆市交通委员会关于加强桥梁工程双壁钢围堰施工安全管理工作的通知（交办安监〔2015〕77 号）；
6. 104 号文件：国家安全监管总局交通运输部国务院国资委国家铁路局关于印发《隧道施工安全九条规定》的通知（安监总管二〔2014〕104 号）。

第三节 事故隐患排查治理责任

（1）施工单位是工程项目事故隐患排查、治理和防控的责任主体。施工单位应当建立健全事故隐患排查治理和建档监控等制度，逐级建立并落实从主要负责人到每个从业人员的隐患排查治理和监控责任制。应当保证事故隐患排查治理所需的资金，建立资金使用专项制度。定期组织安全生产管理人员、工程技术人员和其他相关人员排查本单位的事故隐患。对排查出的事故隐患，应当按照事故隐患的等级进行登记，建立事故隐患信息档案，并按照职责分工实施监控治理。对排查出的重大事故隐患，应登记建档，制订专项治理方案，并向监理单位、建设单位报告。隐患排查治理制度包括以下内容：

①明确主要负责人、分管负责人、部门和岗位人员隐患排查治理工作要求、职责范围、防控责任。

②根据国家、行业、地方有关事故隐患的标准、规范、规定，编制事故隐患排查清单，明确和细化事故隐患排查事项、具体内容和排查周期。

③明确隐患判定程序，按照规定对本单位存在的重大事故隐患作出判定。

④明确重大事故隐患、一般事故隐患的处理措施及流程。

⑤组织对重大事故隐患治理结果的评估。

⑥组织开展相应培训，提高从业人员隐患排查治理能力。

⑦应当纳入的其他内容。

(2)施工单位主要负责人对本单位事故隐患排查治理工作全面负责，各分管负责人对分管业务范围内的事故隐患排查治理工作负责。生产经营单位体系如图 13-1 所示。

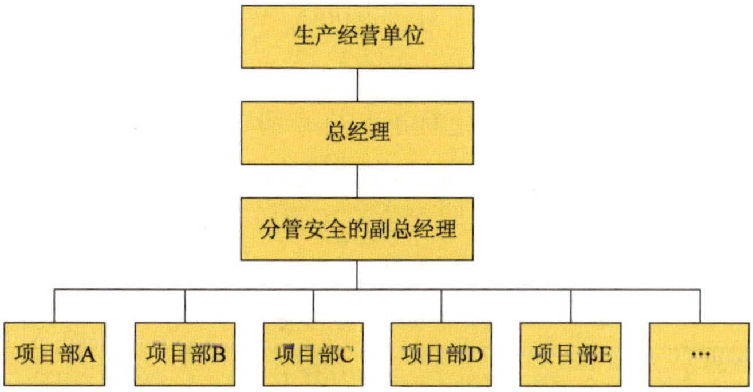

图 13-1　生产经营隐患排查治理体系

(3)施工单位应当与承包、承租单位签订安全生产管理协议，并在协议中明确各方对事故隐患排查、治理和防控的管理职责，对承包、承租单位的事故隐患排查治理负有统一协调和监督管理的职责。定期进行检查，发现问题及时督促整改。承包、承租单位拒不整改的，施工单位可以按照协议约定的方式处理，或者向安全生产监督管理部门和有关部门报告。

(4)施工单位委托技术管理服务机构提供事故隐患排查治理服务的，事故隐患排查治理的责任仍由本单位负责。

(5)监理单位发现施工安全事故隐患时应及时纠正，严格审查重大事故隐患治理方案，并对治理全过程予以监督检查和复核验收。对施工单位不认真治理，或重大事故隐患可能产生严重后果的，应及时向建设单位报告。

(6)建设、监理及相关单位应督促施工单位做好重大事故隐患的排查治理工作。

第四节　事故隐患排查治理

(1)施工单位建立的事故隐患排查治理制度应当包括以下内容:

①明确主要负责人、分管负责人、部门和岗位人员隐患排查治理工作要求、职责范围、防控责任。

②根据国家、行业、地方有关事故隐患的标准、规范、规定,编制事故隐患排查清单,明确和细化事故隐患排查事项、具体内容和排查周期。

③明确隐患判定程序,按照规定对本单位存在的重大事故隐患作出判定。

④明确重大事故隐患、一般事故隐患的处理措施及流程。

⑤组织对重大事故隐患治理结果的评估。

⑥组织开展相应培训,提高从业人员隐患排查治理能力。

⑦应当纳入的其他内容。

(2)施工单位在承建的工程项目开工前,依据工程实际,参照有关清单,制订工程项目的重大事故隐患清单,由施工单位项目负责人审核发布,并向施工企业法人单位备案。要将工程项目清单纳入岗前教育培训,并在相应作业区域公示。

当工程建设条件、施工环境、施工作业内容等发生变化,施工单位应对工程项目清单及时调整,并经审核重新备案。

(3)施工单位应当按照事故隐患判定标准和排查清单组织安全生产管理人员、工程技术人员和其他相关人员排查本单位的事故隐患,对排查出的事故隐患,应当按照事故隐患的等级进行记录,建立事故隐患信息档案,按照职责分工实施监控治理,并将事故隐患排查治理情况向从业人员通报。事故隐患排查主要内容见表13-2。

事故隐患排查十大主要内容　　表13-2

序号	内容
1	依法建立和落实安全生产责任制、规章制度和操作规程的情况
2	安全生产资金投入情况
3	安全生产管理机构及人员配备情况,以及安全生产培训教育和持证上岗情况
4	存在危险的场所和区域的装置、设备、设施、工具的安全运行状况及日常维护、保养、检验、检测情况
5	爆破作业、大型设备(构件)吊装作业、危险装置设备试生产作业、危险场所动火及维修作业、有毒有害及有限空间作业、交叉作业、电气维修作业等危险作业的安全管理情况
6	作业场所安全生产风险告知情况
7	已查出的事故隐患整改与落实情况;重大危险源普查建档、风险辨识、监控预警制度的建设及措施落实情况
8	劳动防护用品的配备、发放和佩戴使用情况
9	存在职业病危害的施工单位工作场所职业病危害因素的检测情况,以及从业人员职业健康检查及建立监护档案情况
10	应急救援预案的制订、演练,应急救援物资、设备的配备及维护情况

(4)施工单位应当建立事故隐患排查治理激励约束制度,鼓励从业人员发现、报告和消除事故隐患。对有功人员应当给予物质奖励或者表彰;对瞒报事故隐患或者排查治理不力的人员予以相应处理。

(5)施工单位应当每月对本单位事故隐患排查治理情况进行统计分析,并按照规定的时间和形式报送安全生产监督管理部门和有关部门。对于重大事故隐患,除依照前款规定报送外,应当提交书面材料,内容包括:隐患的现状及其产生原因;隐患的危害程度和整改难易程度分析;隐患的治理方案。

(6)一般事故隐患,由施工项目负责人或有关人员立即组织整改。重大事故隐患,由施工单位主要负责人或项目负责人组织制订并实施事故隐患治理方案,包括治理的目标和任务、采取的方法和措施、经费和物资的落实、负责治理的机构和人员、治理的时限和要求、安全措施和应急预案。

(7)施工单位在事故隐患治理过程中,应当采取相应的安全防范措施,防止事故发生。事故隐患排除前或者排除过程中无法保证安全的,应当从危险区域内撤出作业人员,并疏散可能危及的其他人员,设置警戒标志,暂时停产停业或者停止使用。

(8)对于因自然灾害可能导致事故灾难的隐患,应当按照有关法律、法规、标准和本规定的要求排查治理,采取可靠的预防措施,制订应急预案。在接到有关自然灾害预报时,应当及时向下属单位发出预警通知;发生自然灾害可能危及生产经营单位和人员安全的情况时,应当采取撤离人员、停止作业、加强监测等安全措施,并及时向当地人民政府及其有关部门报告。

(9)重大事故隐患治理工作结束后,施工单位应当组织本单位的技术人员和专家对重大事故隐患的治理情况进行评估,或者委托依法设立的为安全生产提供技术、管理服务的机构进行评估。对安全生产监督管理部门和有关部门在监督检查中发现并责令全部或者局部停产停业治理的重大事故隐患,施工单位单位完成治理并经评估后符合安全生产条件的,应当向相关部门提出恢复生产的书面申请,经审查同意后,方可恢复生产。

第五节　隐患排查治理监督管理

(1)各级安全生产监督管理部门按照职责对所辖区域内生产经营单位排查治理事故隐患工作依法实施综合监督管理。

(2)安全生产监督管理部门应当指导、监督生产经营单位事故隐患排查治理工作,根据事故隐患排查治理工作情况制订相应的专项监督检查计划,并按计划进行监督检查。

(3)安全生产监督管理部门对检查中发现的事故隐患,应当责令生产经营单位立即排除,重大事故隐患排除前或者排除过程中无法保证安全的,应当责令从撤出作业人员,暂时停产停业或者停止使用相关设施、设备。对存在重大事故隐患的生产经营单位依法作出相应处理决定,生产经营单位拒不执行的,可依法采取强制执行措施。

(4)安全生产监督管理部门收到生产经营单位恢复生产经营的申请后,应当在 10 个工作日内进行现场审查。审查合格的,同意恢复生产经营;审查不合格的,依法处理。

(5)对事故隐患治理不力,导致事故发生的生产经营单位,安全生产监督管理部门应当将其行为录入安全生产违法行为信息库；对违法行为情节严重的，依法向社会公告，并向相关部门通报。

第六节 法律责任

(1)施工单位及其主要负责人未履行事故隐患排查治理职责，导致发生生产安全事故的，依法给予行政处罚。

(2)施工单位违反本规定，有下列行为之一的，由安全生产监督管理部门给予警告，并处3万元以下的罚款：

①未建立安全生产事故隐患排查治理等各项制度的。

②未按规定上报事故隐患排查治理统计分析表的。

③未制订事故隐患治理方案的。

④重大事故隐患不报或者未及时报告的。

⑤未对事故隐患进行排查治理擅自生产经营的。

⑥整改不合格或者未经安全生产监督管理部门审查同意擅自恢复生产经营的。

(3)承担检测检验、安全评价的中介机构，出具虚假评价证明，尚不够刑事处罚的，没收违法所得，违法所得在5000元以上的，并处违法所得2倍以上5倍以下的罚款，没有违法所得或者违法所得不足5000元的，单处或者并处5000元以上2万元以下的罚款，同时可对其直接负责的主管人员和其他直接责任人员处5000元以上5万元以下的罚款；给他人造成损害的，与施工单位承担连带赔偿责任。对有前款违法行为的机构，撤销其相应的资质。

(4)施工单位事故隐患排查治理过程中违反有关安全生产法律、法规、规章、标准和规程规定的，依法给予行政处罚。

(5)安全生产监督管理部门的工作人员未依法履行职责的，按照有关规定处理。

安全管理

第十四章 PART 14

生产安全事故报告与调查

第一节　生产安全事故定义

生产安全事故，是指生产经营单位在生产经营活动（包括与生产经营有关的活动）中突然发生的，伤害人身安全和健康，或损坏设备设施，或造成经济损失的，导致原生产经营活动暂时中止或永远终止的意外事件。

第二节　事故等级划分

根据生产安全事故造成的人员伤亡或者直接经济损失，事故一般分为特别重大事故（Ⅰ）、重大事故（Ⅱ）、较大事故（Ⅲ）、一般事故（Ⅳ）4个等级，安全事故等级标准见表14-1。

公路工程安全事故等级标准　　表14-1

事故级别	死亡失踪人数	涉险人数	重伤（或急性中毒）人数	经济损失（万元）
特别重大（Ⅰ）	30及以上	30及以上	100及以上	10000及以上
重大（Ⅱ）	10～29	10～29	50～99	5000～10000
较大（Ⅲ）	3～9	3～9	10～49	1000～5000
一般（Ⅳ）	1～2	1～2	1～9	1000以上

第三节　事故上报程序

（1）事故发生后，事故现场有关人员应当立即向本单位负责人报告；单位负责人接到报告后，应当于1h内向事故发生地县级以上人民政府安全生产监督管理部门和负有安全生产监督管理职责的有关部门报告。情况紧急时，事故现场有关人员可以直接向事故发生地县级以上人民政府安全生产监督管理部门和负有安全生产监督管理职责的有关部门报告。事故报告流程如图14-1所示。

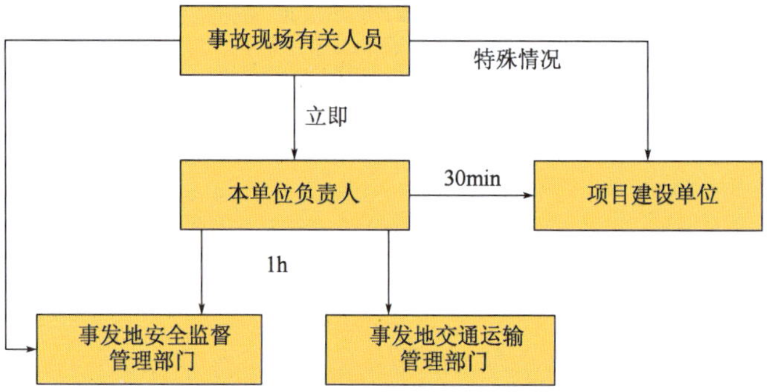

图14-1　事故上报流程

(2)安全生产监督管理部门和负有安全生产监督管理职责的有关部门接到事故报告后，应当依照规定上报事故情况，并通知公安机关、劳动保障行政部门、工会和人民检察院，事故上报的规定包括：

①特别重大事故、重大事故逐级上报至国务院安全生产监督管理部门和负有安全生产监督管理职责的有关部门。

②较大事故逐级上报至省、自治区、直辖市人民政府安全生产监督管理部门和负有安全生产监督管理职责的有关部门。

③一般事故上报至设区的市级人民政府安全生产监督管理部门和负有安全生产监督管理职责的有关部门。

(3)安全生产监督管理部门和负有安全生产监督管理职责的有关部门依照事故上报规定上报事故情况，还应当同时报告本级人民政府。

(4)国务院安全生产监督管理部门和负有安全生产监督管理职责的有关部门以及省级人民政府接到发生特别重大事故、重大事故的报告后，应当立即报告国务院。必要时，安全生产监督管理部门和负有安全生产监督管理职责的有关部门可以越级上报事故情况。

(5)安全生产监督管理部门和负有安全生产监督管理职责的有关部门逐级上报事故情况，每级上报的时间不得超过2h。

第四节　事故上报内容

(1)事故发生单位概况。

(2)事故发生的时间、地点以及事故现场情况。

(3)事故的简要经过。

(4)事故已经造成或者可能造成的伤亡人数(包括下落不明的人数)和初步估计的直接经济损失。

(5)已经采取的措施。

(6)其他应当报告的情况。

(7)事故报告后出现新情况的，应当及时补报。

第五节　事故应急处置

(1)事故发生单位负责人接到事故报告后，应当立即启动相应应急预案，或者采取有效措施，组织抢救，防止事故扩大，减少人员伤亡和财产损失。

(2)事故发生地有关地方人民政府、安全生产监督管理部门和负有安全生产监督管理职责的有关部门接到事故报告后，其负责人应当立即赶赴事故现场，组织事故救援。

(3)事故发生后，有关单位和人员应当妥善保护事故现场以及相关证据，任何单位和个人不得破坏事故现场、毁灭相关证据。

(4)因抢救人员、防止事故扩大以及疏通交通等原因，需要移动事故现场物件的，应当做出标志，绘制现场简图并做出书面记录，妥善保存现场重要痕迹、物证。

第六节　事故调查

（1）事故调查处理应当坚持实事求是、尊重科学的原则，及时、准确地查清事故经过、事故原因和事故损失，查明事故性质，认定事故责任，总结事故教训，提出整改措施，并对事故责任者依法追究责任。

（2）特别重大事故由国务院或者国务院授权有关部门组织事故调查组进行调查。重大事故、较大事故、一般事故分别由事故发生地省级人民政府、设区的市级人民政府、县级人民政府负责调查，也可以授权或者委托有关部门组织事故调查组进行调查。

（3）未造成人员伤亡的一般事故，县级人民政府也可以委托事故发生单位组织事故调查组进行调查。

（4）自事故发生之日起30日内，因事故伤亡人数变化导致事故等级发生变化，应当由上级人民政府负责调查的，上级人民政府可以另行组织事故调查组进行调查。

（5）特别重大事故以下等级事故，事故发生地与事故发生单位不在同一个县级以上行政区域的，由事故发生地人民政府负责调查，事故发生单位所在地人民政府应当派人参加。

（6）根据事故的具体情况，事故调查组由有关人民政府、安全生产监督管理部门、负有安全生产监督管理职责的有关部门、监察机关、公安机关以及工会派人组成，并应当邀请人民检察院派人参加。事故调查组也可以聘请有关专家参与调查。

（7）事故调查组成员应当具有事故调查所需要的知识和专长，并与所调查的事故没有直接利害关系。事故调查组组长由负责事故调查的人民政府指定。事故调查组组长主持事故调查组的工作。事故调查组应履行下列职责：

①查明事故发生的经过、原因、人员伤亡情况及直接经济损失。

②认定事故的性质和事故责任。

③提出对事故责任者的处理建议。

④总结事故教训，提出防范和整改措施。

⑤提交事故调查报告。

（8）事故调查组有权向有关单位和个人了解与事故有关的情况，并要求其提供相关文件、资料，有关单位和个人不得拒绝。

（9）事故发生单位的负责人和有关人员在事故调查期间不得擅离职守，并应当随时接受事故调查组的询问，如实提供有关情况。任何单位和个人不得阻挠和干涉对事故的报告和依法调查处理。

（10）事故调查组应当自事故发生之日起60日内提交事故调查报告；特殊情况下，经负责事故调查的人民政府批准，提交事故调查报告的期限可以适当延长，但延长的期限最长不超过60日。事故调查报告应当包括下列内容：

①事故发生单位概况。

②事故发生经过和事故救援情况。

③事故造成的人员伤亡和直接经济损失。

④事故发生的原因和事故性质。

⑤事故责任的认定以及对事故责任者的处理建议。

⑥事故防范和整改措施。

第七节　事故处理及法律责任追究

一、事故处理

(1)重大事故、较大事故、一般事故,负责事故调查的人民政府应当自收到事故调查报告之日起15日内作出批复;特别重大事故,30日内作出批复,特殊情况下,批复时间可以适当延长,但延长的时间最长不超过30日。

(2)有关机关应当按照人民政府的批复,依照法律、行政法规规定的权限和程序,对事故发生单位和有关人员进行行政处罚,对负有事故责任的国家工作人员进行处分。

(3)事故发生单位应当按照负责事故调查的人民政府的批复,对本单位负有事故责任的人员进行处理。

(4)事故发生单位应当认真吸取事故教训,落实防范和整改措施,防止事故再次发生。防范和整改措施的落实情况应当接受工会和职工的监督。

(5)安全生产监督管理部门和负有安全生产监督管理职责的有关部门,应当对事故发生单位落实防范和整改措施的情况进行监督检查。

(6)事故处理的情况由负责事故调查的人民政府或者其授权的有关部门、机构向社会公布,依法应当保密的除外。

二、法律责任追究

(1)事故发生单位主要负责人不立即组织事故抢救的、迟报或者漏报事故的、在事故调查处理期间擅离职守的,处上一年年收入40% ~80%的罚款;属于国家工作人员的,并依法给予处分;构成犯罪的,依法追究刑事责任。

(2)事故发生单位及其有关人员有下列情形:

①谎报或者瞒报事故的。

②伪造或者故意破坏事故现场的。

③转移、隐匿资金、财产,或者销毁有关证据、资料的。

④拒绝接受调查或者拒绝提供有关情况和资料的。

⑤在事故调查中作伪证或者指使他人作伪证的。

⑥事故发生后逃匿的。

处100万元以上500万元以下的罚款;对主要负责人、直接负责的主管人员和其他直接责任人员处上一年年收入60% ~100%的罚款;属于国家工作人员的,并依法给予处分;构成违反治安管理行为的,由公安机关依法给予治安管理处罚;构成犯罪的,依法追究刑事责任。

(3)有关地方人民政府、安全生产监督管理部门和负有安全生产监督管理职责的有关部门在发生安全事故后:

①不立即组织事故抢救的。

②迟报、漏报、谎报或者瞒报事故的。

③阻碍、干涉事故调查工作的。

④在事故调查中作伪证或者指使他人作伪证的。

对直接负责的主管人员和其他直接责任人员依法给予处分;构成犯罪的,依法追究刑事责任。

(4)参与事故调查的人员在事故调查中:

①对事故调查工作不负责任,致使事故调查工作有重大疏漏的。

②包庇、袒护负有事故责任的人员或者借机打击报复的。依法给予处分;构成犯罪的,依法追究刑事责任。

(5)为发生事故的单位提供虚假证明的中介机构,由有关部门依法暂扣或者吊销其有关证照及其相关人员的执业资格;构成犯罪的,依法追究刑事责任。

安全管理

第十五章 PART 15

临时设施建设与管理

第一节　一般规定

（1）工程项目临时设施包括项目驻地、工地实验室、拌和站、钢构件加工场、预制场、各类库房、施工便道、栈桥、临时码头及弃渣场等。

（2）临时设施建设，必须根据所在地自然条件，从满足安全管理、环境保护、消防保卫、职业健康等方面要求做好选址工作。

（3）临时设施建设应编制施工方案，并满足消防、环境水保、卫生、临时用电等相关规定及标准要求，施工方案应报监理单位审批后开始施工，建设完成后报监理单位、建设单位及地方相关行政管理部门进行验收，验收合格后方可使用。临建验收参照见表 15-1。

临建验收参照　　表 15-1

验收要求	驻　地	消 防 部 门
	危化品库房、火工品库房	消防部门、公安部门
	栈桥、临时码头	海事局、河道管理局
	弃渣场	地方政府、国土部门、环保部门、水务部门

说明：验收要求各地要求标准不一，具体验收标准请参照国家或当地相关文件执行。

（4）临时设施场地必须进行混凝土硬化处理，场地硬化按照四周低、中心高的原则进行，面层排水坡度不小于 1.5%，场地四周应设置排水沟。

（5）消防设施、临时用电、环境保护等应当满足《建设工程施工现场消防安全技术规范》《施工现场临时用电安全技术规范》《建设工程施工现场环境与卫生标准》的有关规定。

第二节　项目驻地建设

（1）驻地建设应因地制宜，满足安全、实用及环保的要求，以工作方便为原则，具备便利的交通条件和通电、通水、通信条件。施工现场驻地应选在地质良好的地段，避免设在可能发生塌方、泥石流、水淹等地质灾害区域及高压线下（与高压线水平距离不小于 8m），避开取、弃土场，距离集中爆破区 500m 以外。如图 15-1 所示。

a)　　b)

图 15-1　项目驻地总体效果图

(2)驻地办公区、生活区及车辆、机具停放区等,应科学合理分开布局。场地及主要道路应用混凝土硬化处理,排水系统完善,庭院适当绿化,环境优美整洁,并设置功能分区平面示意图及指路导向牌。如图15-2所示。

a)

b)

图15-2　驻地布局效果图

(3)驻地建设可自建或租用沿线合适的单位或民用房屋,但应坚固、安全。自建房屋最低标准为活动板房,并选用阻燃、防水材料。活动板房的搭建不应超过两层,每组最多不超过10栋,组与组之间的距离不小于8m,栋与栋之间的距离不小于4m,房间净高不低于2.5m,彩钢板燃烧性能等级不得低于A级。如图15-3、图15-4所示。

图15-3　租用房屋

图15-4　自建活动板房

(4)驻地相对独立完整,应满足封闭式管理要求,四周设有围挡,围挡材料宜选用砌体或彩钢板材料,彩钢板围挡高度不宜超过2.5m,当高度超过1.5m时应设置斜撑,砌体围挡的高厚比、强度应符合《砌体结构设计规范》(GB 50003)的规定,驻地应设有固定出入口,出入口配备保卫人员,门柱部位应悬挂本单位的铭牌,各部室设名称牌、室内悬挂制度图表及岗位职责等。如图15-5～图15-8所示。

(5)食堂建设及管理应符合《中华人民共和国食品卫生法》和《建筑施工现场环境与卫生标准》的要求,宜设置在离厕所、垃圾站、有害场所等污染源不小于20m的位置,与办公、生活用房距离不小于10m,食堂应设置独立的制作间、储藏间,厨师须持有健康证。如图15-9所示。

图 15-5　围挡

图 15-6　固定出入口

图 15-7　部室名称牌

图 15-8　部室内部布局

a)　b)

图 15-9　食堂布局

(6)生活饮用水如条件允许，尽可能使用自来水；如自找饮水源，应对水源进行专门机构化验鉴定，符合饮用水标准后方能使用。

(7)项目部驻地应配置灭火器、临时消防给水系统、消防砂池及应急照明等临时消防设施，同时设置相应的消防安全标识，并定期检查、维护和保养。消防设施的配备数量和标准应符合《建设工程施工现场消防安全技术规范》的要求。灭火器最低配置标准见表 15-2。

灭火器最低配置标准　　表 15-2

项　　目	固体物质火灾		液体或可熔化固体物质火灾、其他火灾	
	单具灭火器最小灭火级别	单位灭火级别最大保护面积(m^2/A)	单具灭火器最小灭火级别	单位灭火器级别最大保护范围(m^2/B)
易燃易爆危险品存放及使用场所	3A	50	89B	0.5
固定动火作业场	3A	50	89B	0.5
临时动火作业点	2A	50	55B	0.5
可燃材料存放、加工及使用场所	2A	75	55B	1.0
厨房操作间、锅炉房	2A	75	55B	1.0
自备发电房	2A	75	55B	1.0
变配电房	2A	75	55B	1.0
办公用房、宿舍	1A	100	—	—

(8)驻地内应设置消防通道和应急指示标志，消防通道净宽和净高不得小于4m，禁止在消防通道上堆物、堆料或挤占消防通道。如图 15-10、图 15-11 所示。

图 15-10　消防通道

图 15-11　应急指示标志

(9)驻地内应设置防雷设施及报警装置和监控设施。如图 15-12、图 15-13 所示。

图 15-12　避雷设施

图 15-13　监控设施

第三节　工地试验室

(1)工地试验室应与工程的特点和规模相适应,试验检测人员、仪器设备和试验环境条件等应符合相关标准的规定。如图15-14所示。

(2)工地试验室规划遵循总体布局合理、功能分区明确、组织协调顺畅的原则。工地试验室工作区和生活区分开设置,工作区总体上可分为功能室、办公室和资料室三部分。如图15-15~图15-17所示。

图15-14　工地试验室

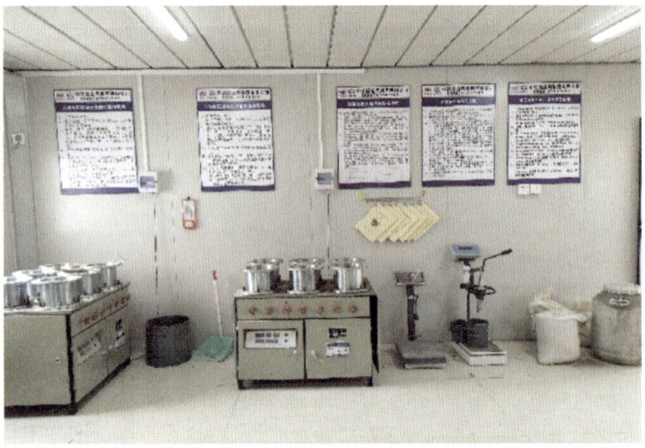

图15-15　功能室

图15-16　办公室

图15-17　资料室

(3)功能室应根据工程内容和特点设置,一般分为土工室、集料室、石料室、水泥室、水泥砼室、力学室、化学室、标准养护室、样品室、留样室、外检室、储藏室等。各检测室的空间和面积应满足试验检测工作和环境条件要求。见表15-3。

试验室面积及仪器配备一览表　　表15-3

序号	名　称	面积(m^2)不小于	配备情况
1	办公室	$6m^2$/人或≥30	办公桌、微机、打印机和足够的文件柜
2	土工室	≥20	设工作台(宽750mm,高800mm)一个
3	集料室	≥15	设工作台一个

续上表

序号	名　称	面积(m^2)不小于	配 备 情 况
4	水泥室	≥20	设工作台一个,配具有加温降温和除湿功能的空调一台、加湿器一个、温湿度表一个
5	力学室	≥25	设钢质货架两个:一个用于摆放万能试验机配件;另一个用于存放破断的钢筋试样
6	混凝土室	≥25	留有洗刷用水排出通道
7	标养室	≥20	全自动喷雾养护,室内四周留有50mm×80mm的水循环通道
8	化学室	≥20	设工作台一个,排气扇一个,存放化学危险药品的橱子一个
9	样品室	≥15	放置满足要求的货架
10	储藏室	≥12	放置满足要求的货架

注:各项目应根据建设项目规模大小,因地制宜建设试验室。

(4)工地试验室用房可新建或租用现有房屋。新建房屋应满足防火、保温、环保要求,并综合考虑极端气候和自然灾害的影响,必要时采取加固处理措施,保证其在使用周期内的安全性。租用房屋应安全、坚固,其空间、面积、通风、采光和保温等条件应满足使用要求。

(5)工地试验室应有良好的通风采光条件,对通风要求较高的科室,如沥青、沥青混凝土室及化学分析室应安装排气扇和通风设备,对刺激性废气进行强排。如图15-18、图15-19所示。

图15-18　试验室通风采光

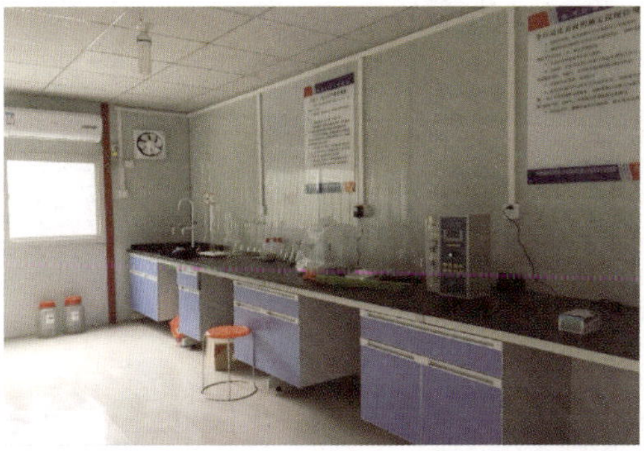

图15-19　试验室排风扇

(6)工地试验室应采用独立的专用线路集中配电,并设置应急电源,保证试验检测工作正常、连续开展。电线、电缆的布设应符合有关技术标准,保证使用安全。试验室内仪器设备布局合理,并根据需要砌筑牢固平整的试验操作台,每台仪器设备应配备专用电源插座,电源插头的安装位置应高出地面1m以上。如图15-20所示。

(7)工地试验室应设置较完善的排水设施,并配备必要的应急水源,各功能室均应铺设上、下水管道,配备水池,地面应设置地漏。水泥混凝土室、石料室等房间地面应设置水槽和沉淀池。

(8)工地试验室应配备必要的安全防护、防盗和环保设施,确保人员和设备安全,避免造成环境污染。如图15-21、图15-22所示。

图 15-20　试验室电线与电缆布设

图 15-21　安全防护设施

(9)标准养护室应分别配备温、湿度自动控制设备。墙体和屋顶应进行防潮和保温处理，地面应设置储水装置，方便养护水回流，防止地面积水。

(10)功能室应设置一定数量的操作台，操作台选用材料应坚固、防滑、防腐蚀，几何尺寸应符合有关技术标准，外观应整洁、美观、方便操作。功能室地面应平整、防滑、耐磨。如图 15-23所示。

图 15-22　防盗设施

图 15-23　功能室操作台

第四节　钢构件加工场建设

(1)钢构件加工场宜采用钢结构搭设，顶棚采用固定式拱形防雨棚，高度应满足设备操作空间，其面积应满足加工总量的需要。见表 15-4。

加工场地规模面积　　表 15-4

规　模	加工总量(t)	加工场地面积(m^2)
大	>10000	≥3500
中	6000 ~ 10000	≥2000
小	3000 ~ 6000	≥15000

(2)钢构件加工场应采用封闭式管理,合理划分各个功能区域,并在生产过程中推行“定置”管理。各个功能区域应包含:材料堆放区、钢筋下料区、加工制作区、半成品区、成品区、运输及安全通道等,如图 15-24 所示。

a)　　b)

图 15-24　钢构件加工厂功能分区

(3)钢构件加工场地基基础必须经验算后满足承载力和变形的要求,施工时地锚应提前预埋,须抗 8 级风力,沿海地区须抗 12 级风力,施工完成后需及时设置缆风绳。

(4)钢构件加工场应设置防雷接地保护装置。通风良好,并满足防晒、防潮、防雨、防雷要求。

(5)钢构件原材料、半成品及成品应按照规格型号垫高堆放并设置标示牌,台座高度不小于 30cm,堆放高度不应大于 2m。如图 15-25 所示。

a)　　b)

图 15-25　成品与半成品堆放

(6)钢构件加工场运输通道单车道宽度不小于 3.5m,安全通道宽度不小于 4m,且应设置对应的线路指示标志。如图 15-26 所示。

(7)钢构件加工机械设备均须设置接地保护装置,传动部位应设置防护罩;钢筋冷拉、剪断作业区两端应设置防护挡板及安全警示标牌。如图 15-27 所示。

(8)钢构件加工场各功能区应设置分区标示牌、作业流程牌,出入口、焊接作业区、配电设施等场所应设置安全警示标牌,机械设备应悬挂安全操作规程牌及设备标识牌。如图 15-28、图 15-29 所示。

a)

b)

图 15-26　钢构件加工场通道

a)

b)

图 15-27　接地及防护警示

图 15-28　安全警示牌

图 15-29　操作规程牌

第五节　拌和站建设

一、一般规定

(1)拌和站应采用封闭式管理,保障生活区与工作区的安全距离。合理划分拌和作业区、材料堆放区、运输车辆停放区、试验区等;拌和站场地须硬化,沉淀池宜设在洗车池与排水系统对接位置;重点部位(如拌和区)应设置视频监控系统。如图 15-30、图 15-31 所示。

图 15-30　拌和站总体图

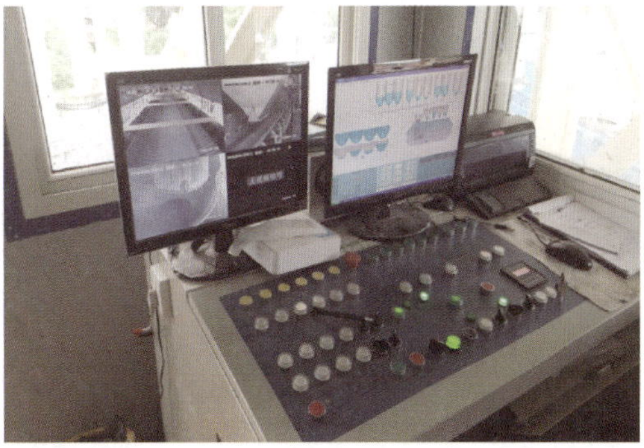

图 15-31　视频监控系统

(2)储料仓要求具有专业资质的设计单位进行设计,储料仓棚须抗 8 级以上风力,沿海地区须抗 12 级以上风力。

(3)混凝土运输通道车辆两侧的预留净宽不小于 0.5m,上方的预留净高不小于 1m。

二、拌和站建设安全要求

(1)拌和站各功能区域地基基础承载力经验算后应满足施工荷载的要求。

(2)拌和楼各罐体应采用连接件连接;拌和楼及储料罐基座处应设置防撞墩,防撞墩宜设置成矩形,高度不小于 60cm;储料罐上应装设缆风绳及避雷装置,拌和楼采取隔离设施封闭并安装除尘器,隔离设施宜采用高度不小于 1.2m 的隔离栅,同时应设置安全警示标牌。如图 15-32 ~ 图 15-35 所示。

图 15-32　罐体链接

图 15-33　防撞墩

(3)作业平台、储料仓、集料仓、水泥灌等涉及人身安全的部位均应设置安全防护装置。如图 15-36 所示。

(4)拌和站场内电缆线宜埋管设置或采用线槽敷设。

三、库房、堆料场建设

(1)使用袋装水泥的应建造库房,袋装水泥垛高不得超过 10 袋,宜一车一垛;库房面积按照不小于 1.5t/m^2 的荷载标准建设，库房内地面应做硬化、防潮处理；水泥应架空存放，且离墙（地）距离不小于 30cm。

图 15-34　缆风绳设置

图 15-35　除尘装置设置

a)　　b)

图 15-36　防护栏杆设置

（2）库房内外加剂的存放高度不超过 1.5m。

（3）库房、堆料场建设应加设轻型钢结构顶棚，顶棚雨水采用 PVC-U 管集中排至四周的排水沟，两端的储料仓外侧与端面设置封闭围挡，并应满足防雨防潮防台风的要求。如图 15-37 所示。

a)　　b)

图 15-37　堆料场

四、环境保护要求

(1)合理设置废水沉淀池和洗轮池,布设排水系统,沉淀池的四周应采用金属隔离栅封闭,树立安全警示标识牌。如图15-38、图15-39所示。

图15-38 沉淀池

图15-39 洗轮池

(2)临近居民区施工产生的噪声不应大于现行《建筑施工场界环境噪声排放标准》(GB 12523)的规定,否则应进行监控。

第六节 预制场建设

(1)预制场宜按照工厂化生产方式布设,道路和排水畅通,占地面积应满足施工需要,地基承载力经验算后应满足施工荷载的要求。见表15-5。

预制场场地建设面积 表15-5

类　别	面积(m^2)	备　注
A	8000	主要工程为桥梁的合同段
B	6000	一般土建合同段
C	4000	主要工程为隧道的合同段

(2)预制场应采用封闭式管理,场地须进行硬化;钢筋绑扎区、制梁区、存梁区等功能区域应科学合理设置,与生活区分离;生产过程中宜推行"定置"管理;制梁台座处应合理布设养生管线、用电管线重点部位宜设置视频监控系统。如图15-40、图15-41所示。

(3)主线路基预制梁场宜选择架梁运输便利、桥梁相对集中的位置;为防止场地不均匀沉降的影响,梁场应尽量设在路基挖方段,并提前做好边坡防护及排水设施(包括养生用水、三级沉淀池),避免水土流失影响附近农田灌溉。如图15-42所示。

(4)存梁区要保证平整无积水,梁板存放应符合设计要求,设计文件没有规定时,空心梁板叠放层数不得超过3层,小箱梁叠放层数不得超过2层,T梁不得叠放;存梁台座尺寸高度不应小于30cm。如图15-43所示。

(5)梁板运输时,运梁炮车行驶速度不宜超过3km/h;运输通道应保持平顺、通畅;运输通道宽度不应小于6m,横坡坡度不宜大于2%,纵坡坡度不应大于4%,保证运梁时不倾覆;运梁炮车应设置警示标志及警示灯，跨国道、省道时须进行警戒；运梁炮车驾驶人须有驾驶证，信号工、司索工须持有相应有效的证件。

图 15-40　梁场封闭

图 15-41　视频监控

a)　　b)

图 15-42　主预制梁场

a)　　b)

图 15-43　梁板存放

(6)模板堆放一般以平卧为主，堆放高度不宜大于 2m，底部应垫高 10cm；露天堆放应加遮盖，并采取防倾覆措施。

(7)预制场临时用电应满足规范要求，原则上纵向线路架空设置、横向线路设电缆槽，龙门吊用电设置滑线槽。如图 15-44、图 15-45 所示。

图 15-44 纵向线路图

图 15-45 门吊滑线槽

(8)梁板存放时,应在梁板端头两侧设置支撑设施,确保存放稳定不倾覆;支撑设施宜使用枕木、钢管或刚性支撑架、钢筋混凝土台座。

(9)梁场出入口宜设置洗车池(台),场地四周应设置排水沟,排水沟的截面尺寸不小20cm×20cm。

(10)预制场入口处设指路标牌,各功能区域设置提示标牌,制梁区、存梁区、吊装作业区、安全通道设置安全警示标识;在机械设备的醒目位置悬挂安全操作规程牌。

第七节 库房建设

(1)火工品库建设须分别由具备专业资质的单位进行设计和预评估,并由当地公安部门审核同意后方可建设;建成后还须经另一家具备专业资质的单位进行评估,并出具评估报告;由当地公安部门验收合格后方可使用。

(2)易燃易爆品仓库、油库建设应设在远离明火作业区、人员密集区和建筑物相对集中区,并满足消防、通风、防晒、防雨、防雷要求。

(3)由彩钢板建设的库房须设置防雷接地保护装置,接地电阻不得大于4Ω。

(4)氧气、乙炔瓶储存间距不得小于10m,空、重瓶按区域分类存放。

(5)油库应划分消防区域,制定明显的油品型号;油库管理员应定期对库区消防器材进行检查维护。油罐内壁应涂防锈漆,并定期清洗。

(6)库房应设置防盗、防火、防毒措施及视频监控系统。

(7)库房配电应单独安装开关箱,仓库应采用防爆开关和灯具,地面应设置一层缓冲垫;储存大量易燃物品的仓库场地应设置独立的避雷装置。

(8)库房入口处及内部应设置安全责任牌及“安全管理制度”“严禁烟火”等安全警示标志。

第八节 便道建设

(1)施工便道应避开可能发生地质灾害或者其他安全风险的区域,尽量避免与既有铁路、公路平面交叉,宜利用永久性道路和桥梁。

(2)双车道施工便道宽度不小于6.5m;单车道宽度不小于3.5m,路基宽度不小于4.5m;每300m范围内,设置一个错车道,错车道长度不小于20m,宽度不小于2.5m,转弯半径不小于20m,极困难情况下不小于15m。如图15-46、图15-47所示。

图15-46　双车道

图15-47　单车道

(3)便道的最大纵坡不宜大于9%,对于山岭重丘区施工的便道,应保证施工车辆安全通行。

(4)施工便道路面最低标准采用泥结碎石或级配碎石;在条件允许的情况下,便道路面可采用隧道洞渣或矿渣;特大桥、隧道洞口、拌和站和预制场与地方路连接段便道路面须采用混凝土硬化。

(5)施工便道应做好临边防护及警示,在便道陡坡、急弯段宜采用防撞墩、防护,在便道平缓、顺直段宜采用警示柱防护。如图15-48所示。

a)　　b)

图15-48　便道防护

(6)便道出入口处应设置限速标志;在转角、视线不良地段、道路危险地段、跨越或邻近道路施工应设置"减速慢行"安全警示牌及广角镜。如图15-49、图15-50所示。

(7)施工便道靠汇水面一侧应设置排水沟;截面尺寸宜为30cm×30cm;便道通过水渠或灌溉沟渠部位应埋设管涵,断面不小于原沟渠断面,确保排水通畅。

(8)临时便道与国道、省道和县乡道交叉处,应设置警示标志;与国道、省道等交通量大的平交路口宜设置"一车一挡",并安排人员24h值班。

图 15-49 便道警示牌

图 15-50 便道广角镜

第九节 栈 桥 建 设

(1)栈桥应委托具有相应资质的单位,根据现场地形、地貌、河床变化及通航要求进行专项设计。有通航要求的便桥设计还应取得地方或上级有关部门的许可。

(2)人行栈桥宽度不应小于 2.5m,人车混行的栈桥宽度不应小于 4.5m,作业人员应在单侧通行,若栈桥长度超过 1km,应增加桥面宽度。如图 15-51、图 15-52 所示。

图 15-51 人行栈桥

图 15-52 人车混行栈桥

(3)栈桥两侧临边应设置高度不小于 1.2m 的防护栏杆,并挂过塑钢丝网;栏杆立杆间距不大于 2m,横杆与上下杆件的间距不大于 0.6m;立杆和横杆应采用直径不小于 48mm 的钢管制作,钢管间应采用标准扣件连接或焊接,并涂上红白或黄黑相间的反光漆;栏杆与平台应采用焊接连接,焊脚尺寸为 5mm;栏杆底部须安装高度不小于 180mm 的挡脚板。如图 15-53 所示。

(4)栈桥应设置满足照明设施;栈桥桥面宜采用具有防滑措施的压型钢板或花纹钢板铺设,钢板上的突棱高度不应小于 2mm。

(5)水上栈桥护栏上每隔 50m 配置一个救生圈,两侧错开设置,通航施工区域应按照主管部门批复的要求设置保障通航的设施。

(6)通过栈桥的电缆线须绝缘良好,并固定在栈桥一侧;配电箱、消防、救生设备等应外挂设置。

图 15-53　栈桥防护

(7)栈桥两端应设置限高、限速、限载标牌,两侧护栏上应设置警示标志。

(8)栈桥出入口处应进行交通管制,定期对栈桥进行检查与维护,不得将栈桥作为临时码头使用。

(9)超过一定长度的栈桥还应设置制动墩和伸缩缝。

第十节　临时码头建设

(1)临时码头位置应选在河流两岸比较开阔、河床比较稳定、水流顺直、地质较好的河段。

(2)临时码头应按使用要求和相应技术规范进行设计,并执行"设计—审批—制作—安装—验收—投入使用"的程序。

(3)临时码头须有抗冲刷、抗冲击能力,其附属设备应牢固可靠。

(4)临时码头临边应设置高度不小于 1.2m 防护栏杆,临水端边坡应采用浆砌块石或混凝土进行防护;引道须设置防滑、减速、防撞设施。

(5)临时码头临水端应设置靠船的靠帮和系缆设施,临边栏杆上每隔 5m 应设置一个救生圈,救生圈上系上救援绳,以备人员意外落水时打捞救助;码头下方应常备救生艇一艘。

(6)临时码头应设置夜间警示标志、航标信号和风险告知牌。

(7)渡船、拖轮上应配备急救设施,并设置限重、限宽、限停等标志标牌。

(8)渡船、拖轮应配备安全设施,严禁超载、超限。

(9)施工单位应加强对临时码头各种设施的日常检查和维护,填写巡查记录表并存档。

第十一节　弃渣场建设

(1)弃渣场的选址应根据地形、地质、水文等条件,经过严格的规划勘测设计确定。拦渣工程的防洪标准及设计标准,应按弃渣场的等级及弃渣场防护工程建筑物级别确定。见表 15-6、表 15-7。

弃渣场拦挡工程防洪标准　　表 15-6

拦渣堤(坝)工程级别	排洪工程级别	防洪标准[重现期(年)]			
		山区、丘陵区		平原区、滨海区	
		设计	校准	设计	校准
1	1	100	200	50	100
2	2	100 ~ 500	100 ~ 200	30 ~ 50	50 ~ 100
3	3	30 ~ 50	50 ~ 100	20 ~ 30	30 ~ 50
4	4	20 ~ 30	30 ~ 50	10 ~ 20	20 ~ 30
5	5	10 ~ 20	20 ~ 30	10	20

弃 渣 场 级 别　　表 15-7

渣场级别	堆渣量 V(万 m^3)	最大堆渣高度 H(m)	渣场失事对主体工程或环境造成的危害程度
1	$2000 \geqslant V \geqslant 1000$	$200 \geqslant H \geqslant 150$	严重
2	$1000 \geqslant V \geqslant 500$	$150 \geqslant H \geqslant 100$	较严重
3	$500 \geqslant V \geqslant 100$	$100 \geqslant H \geqslant 60$	不严重
4	$100 > V \geqslant 50$	$60 > H \geqslant 20$	较轻
5	$V < 50$	$H < 20$	无危害

(2)渣场的设计变更需履行审批程序,未经批准不得擅自更改弃渣场场址及扩大占地。

(3)弃渣场选址确认后应联系当地国土部门、环保部门,提出临时用地申请,并根据国家和当地的环保水保要求,确定渣场建设方案,批准后方可实施。

(4)弃渣场防护应严格执行“三同时”制度,先挡后弃,先工程措施再植物措施;工程措施应安排在非主汛期;植物措施应以春季、秋季为主。

(5)弃渣前首先需清除原植被,剥离 20 ~ 60cm 表层,对地面进行整平,斜坡地段要顺坡开挖宽度不小于 2.0m 的台阶。

(6)弃渣前,在弃渣场上游边界外 1 ~ 3m 处设置截水沟,两侧修建纵向排水沟,每级平台修建横向排水沟,底部设置盲沟。在渣场周边设置沉沙池,水流引入沉沙池沉淀后排出。

(7)严格控制渣体边坡坡度和堆渣程序,分层分级堆置每层不宜超过 2m,分级高度一般为 8 ~ 10m 并在每级坡顶设置 2m 宽平台;渣面每升高 2m 用压路机碾压 3 ~ 4 遍整平。

(8)弃渣过程中每层弃渣顶面应设置排水坡度,避免积水及地表水下渗。

(9)汛期需加强对弃渣场巡查,必要时应进行监测,发现沉降、坡顶位移、挡护变形、排水不畅等特殊情况,需及时进行处理。

(10)渣体堆积完成后,对弃渣场边坡进行绿化防护,作为耕地的弃渣场顶面还应采用耕植土覆盖。

安全管理

第十六章 PART 16

施工现场机械设备管理

第一节　公路工程常用设备

公路工程施工中常用的机械设备有：土石方机械、动力机械、起重机械、运输机械、混凝土机械、基础水工机械、木工机械、金切机床、测检设备、路面设备等。见表16-1。

机械设备目录　　表16-1

序号	设备分类	设备名称
1	土石方机械	履带挖掘机；双钢轮压路机；立爪装岩机；三臂凿岩台车；轮胎挖掘机；胶轮压路机；风动装岩机；四臂凿岩台车；推土机；冲击压路机；电动装岩机；联合掘进机；履带拖拉机；夯实机；蟹爪装岩机；悬臂掘进机；轮胎拖拉机；平地机；通风机；露天钻机；自行铲运机；挖沟机；锻钎机；装药台车；铲运机斗；履带装载机；磨钎机；锚杆台车；振动压路机；轮胎装载机；潜孔钻机；隧道打眼车；静压压路机；隧道挖掘装载机；牙轮钻机；捞土斗；手扶振动压路机；多功能钻机；二臂凿岩台车；水平钻机；注浆钻机；凿岩机；盾构；工业吸尘机；管棚钻机；锚杆机；盾构附件；松土器、液压破碎锤、其他工装
2	动力机械	电动空压机；汽油机；油断路器；锅炉附属设备；内燃空压机；柴油机；油开关；充电机；发电机；电动机；互感器；箱式变电站；发电车；变压器；隔离开关；液压泵站；发电船；高压开关柜；起动器；高压清洗机；锅炉；低压开关柜；高压配电盘；储气罐；低压配电盘；电容器柜
3	起重机械	塔式起重机；提梁机；转盘车；施工电梯；汽车起重机；倒装龙门吊；电动葫芦；拼装吊车；随车起重机；简易起重机；千斤顶；单臂吊车；轮胎起重机；缆索起重机；预应力张拉设备；造桥机；履带起重机；桥式起重机；电气化架线车；固定式起重机；蒸汽轨道吊；卷扬机；叉式起重机；物料提升机；内燃轨道吊；浮吊；电气化安装车；电动施工吊篮；龙门起重机；架桥机；电气化立杆车；高空作业车；搬运机；移动模架
4	运输机械	载重汽车；煤气罐车；电瓶车；运浆车；轻卡；冷藏车；轨道车；管片运输车；自卸汽车；警车；梭式矿车；箱梁运梁车；油槽汽车；囚车；船舶；沥青洒布车；水槽汽车；检测车；翻斗车；稀浆封层车；大客车；综合作业车；拖轮；划线车；小客车；炸药车；铁船；石屑撒布车；吉普车；扫路车；汽车拖斗（板）；沥青运输车；小轿车；拖车头带平板；运渣车；农用运输车；消防车；皮带输送机；机车；矿斗车（指不带动力）；救护车；防疫车；螺旋输送机；斗式输送机；洒水车
5	混凝土机械	混凝土搅拌机；钢筋调直机；混凝土泵车；混凝土切纹机；砂浆拌和机；钢筋拉伸机；混凝土三联机；CA砂浆车；喷浆机；钢筋套/滚丝机；混凝土机械手；翻模机；灌浆机；对焊机；混凝土湿喷机；管片生产线；混凝土输送泵；点焊机；混凝土布料机（杆）；轨枕生产线；车载式混凝土泵；磨砂机；水泥拆包机；混凝土制管机；混凝土振动台；混凝土搅拌站；风送水泥机；制砖机；混凝土振动筛；混凝土配料机；拉丝机；泥浆净化器；碎石机；混凝土搅拌仓；混凝土真空泵；挤压成型机；磨机；混凝土模板台车；钢模整形机；刨石机；钢筋切断机；散装水泥罐车；混凝土抹光机；其他；钢筋弯曲机；混凝土搅拌输送车；混凝土切割机；简易搅拌站及配套系统（计量系统、水泥罐）
6	基础水工机械	蒸汽打桩机；通孔钻机；真空泵；顶管机；内燃打桩机；反循环钻机；柱塞泵；打桩机锤头；振动打桩机；坑道钻机；沙泵；打桩船；套管钻机；单级泵；胶泵；电杆钻坑机；回转钻机；多级泵；灰渣泵；沉拔桩机；冲击钻机；潜水泵；混流泵；槽壁机；钻井钻机；深井泵；往复泵；旋挖钻机；地质钻机；污水泵；浮鲸；粉喷桩机；潜水钻机；泥浆泵；顶进设备；其他

续上表

序号	设备分类	设备名称
7	木工机械	带锯;手压刨床;四面刨床;木工修理设备;圆锯;单面刨床;木工钻床;开榫机;截锯;双面刨床;木工车床;木工铣床;弓锯;三面刨床;榫槽机;木工打眼机
8	金切机床	车床;搪瓦机;滤油机;金刚绳锯机;铣床;搪刹车鼓机;铸造设备;抛丸机;刨床;珩磨机;炼钢炉;型钢组立机;磨床;磨气门机;电镀设备;绕组修理设备;钻床;气门座研磨机;打气泵;油处理设备;镗床;金属锯床;弯管机;拆装设备;插床;剪冲设备;化铁炉;油泵;拉床;压力机;电石炉;清洗设备;齿轮加工机床;锻造设备;加/滤油机;橡胶设备;螺纹加工机床;卷板机;钢窗加工设备;千斤顶;电火花加工机床;热处理设备;汽车修理设备;台式钻床;联合机床;工程修理车;钢筋笼滚焊朵;砂轮机;镗缸机;电焊设备;切割机
9	检测设备	燃油泵试验台;耐压试验设备;液压试验设备;桥梁检测设备;机油泵试验台;材料试验机;试验变压器;电气试验台;探伤设备;电子汽车衡;水力测功器;内燃机综合试验设备
10	路面设备	夯拍机;稳定土厂拌设备;沥青摊铺机;灰土拌和机;沥青铣刨机;沥青搅拌站;石灰消解机;混凝土摊铺机;破碎站;乳化沥青设备;稳定土路拌机;沥青脱桶设备

第二节　机械设备一般管理要求

一、设备基础管理

(1)施工单位应建立健全机械设备管理制度、各种机械设备安全技术操作规程、机械设备台账及应急预案等。

(2)为设备作业提供道路、水电、停放场所等必备的条件,消除妨碍作业的不安全因素。

(3)对新进场人员进行安全操作知识培训,对操作人员进行安全技术交底。

(4)对施工现场机械设备定期进行检查,发现问题及时进行整改。

(5)租用外部设备,应对出租方的信誉以及设备的状况和性能进行考察,并签订设备租赁合同,合同中应包含租赁单价、计价方式、租赁期限、付款方式、违约责任、安全责任等重要内容并明确双方责任和权利。

二、设备使用管理

(1)项目进场设备必须经设备、工程和安全等部门进行验收评估后方可使用,需安装调试后投入使用的设备,如架桥机、龙门吊等必须编制专项安装方案。

(2)使用机械必须实行"两定三包"责任制(定人、定机;包使用、包保管、包养修),对一机多人操作的机械设备,需实行机长负责制。

(3)操作人员必须持证上岗,严禁无证操作;应做到三知(知构造、知原理、知性能),四会(会使用、会保养、会检查、会排除故障),对使用的机械设备要达到三无(无污垢、无碰伤、无锈蚀),四不漏(不漏水、不漏油、不漏气、不漏电)。

(4)严格执行交接班制度,认真填写“设备运转及交接记录”,做到“五交清”;即:交清设备技术状况(即设备维护保养情况及存在的问题);交清设备运转情况,燃油、润滑油(脂)、冷却液、液压油、电力消耗和备用情况;交清备品、附件、工具情况;交清本班完成的工作量;交清为下一班的生产准备及注意事项。

(5)坚持巡回检查制度,检查中发现的问题,应采取有效措施予以纠正,并记入运转报告;重大问题应立即上报。

三、设备保养管理

(1)保养作业必须贯彻“养修并重,预防为主”的原则,依照作业环境及机型,严格按照设备使用说明书的规定进行。

(2)保养分为例行保养、定期保养、特殊保养三类。

①例行保养。设备在每班作业前后及运转中的检查、保养。

②定期保养。指按规定的运转间隔周期进行保养。

③特殊保养又可分为:

a. 停放保养。是指设备停放期超过一个月以上,每周进行一次的检查保养。

b. 走合期保养。指新设备或大修出厂的设备走合期内及走合期满进行的保养。

c. 换季保养。主要是入夏、入冬前的保养,例如更换油料、采取降温、防寒措施等,此项保养可结合定期保养进行。

d. 工地转移前保养。一项工程完工后,虽未达到规定的保养时间,但为了使设备到新工点后能迅速投入生产,应进行一次设备的全面的检查、维修、保养。

(3)施工单位应根据工程任务、设备使用情况、设备各级保养间隔期、配件储备和供应情况以及保养力量等方面制订月度、季度、年度保养计划。

①月保养计划。主要目的在于确定各级保养进行的日期和停机日,以便调整施工生产计划,落实配件材料供应,安排保修人员。

②季度保养计划。制订本计划的目的在于准确计算各级保养次数,按月平衡高级保养项目和一般保养次数,进一步协调施工生产计划,调整保修力量,准备好配件和材料。

③年度保养计划。制订本计划的目的在于计算各级保养次数,按季平衡高级保养次数和一般保养次数,协调施工生产计划,安排保养力量、制订年度配件和材料计划。

四、设备维修管理

(1)设备维修分为检修、项修、大修、特修。

①检修:是根据日常检查情况进行的常规修理。

②项修:在状态监测的基础上,针对设备的技术状况,进行有计划的恢复总成性能的修理。项修是提高设备完好率、延长大修间隔期、降低修理成本的重要手段。

③大修:是全面恢复整机设备技术性能的修理。

④特修:是因事故、自然灾害或其他原因而无法运转的设备使之死机复活的修理,其修复后技术性能应符合大修标准。

(2)施工单位应根据实际情况制订设备维修计划,施工计划应根据工程任务变动情况、设备使用及设备状况编制。委外送修的设备应报主管部门审批,并选择信誉好、具有较强技术能力和装备能力的承修厂,并签订修理合同,提出修理标准,进行过程监控。

(3)施工单位应配备相关工种的设备维修人员,如机修钳工、电工、液压修理工等负责现场一般设备的修理工作。

(4)修理完成后,由专职检验员或设备部门对维修后的设备进行竣工验收。

第三节 特种设备管理

一、定义

特种设备是指涉及生命安全、危险性较大的锅炉、压力容器(含气瓶)、压力管道、电梯、起重机械、客运索道、大型游乐设施和场(厂)内专用机动车辆等设备。

二、公路工程常见特种设备

主要有起重机械,锅炉、压力容器(含气瓶),场(厂)内专用机动车辆。特种设备目录见表16-2,特种设备如图16-1所示。

特种设备目录(节选) 表16-2

代码	种类	类别	品种
1000	锅炉	锅炉,是指利用各种燃料、电或者其他能源,将所盛装的液体加热到一定的参数,并通过对外输出介质的形式提供热能的设备,其范围规定为设计正常水位容积大于或者等于30L,且额定蒸汽压力大于或者等于0.1MPa(表压)的承压蒸汽锅炉;出口水压大于或者等于0.1MPa(表压),且额定功率大于或者等于0.1MW的承压热水锅炉;额定功率大于或者等于0.1MW的有机热载体锅炉	
1100		承压蒸汽锅炉	
1200		承压热水锅炉	
1300		有机热载体锅炉	
1310			有机热载体气相炉
1320			有机热载体液相炉
2000	压力容器	压力容器,是指盛装气体或者液体,承载一定压力的密闭设备,其范围规定为最高工作压力大于或者等于0.1MPa(表压)的气体、液化气体和最高工作温度高于或者等于标准沸点的液体、容积大于或者等于30L且内直径(非圆形截面指截面内边界最大几何尺寸)大于或者等于150mm的固定式容器和移动式容器;盛装公称工作压力大于或者等于0.2MPa(表压),且压力与容积的乘积大于或者等于1.0MPa·L的气体、液化气体和标准沸点等于或者低于60℃液体的气瓶;氧舱	
2100		固定式压力容器	
2110			超高压容器
2130			第三类压力容器
2150			第二类压力容器
2170			第一类压力容器

续上表

代码	种类	类别	品种
2200		移动式压力容器	
2210			铁路罐车
2220			汽车罐车
2230			长管拖车
2240			罐式集装箱
2250			管束式集装箱
2300		气瓶	
2310			无缝气瓶
2320			焊接气瓶
23T0			特种气瓶（内装填料气瓶、纤维缠绕气瓶、低温绝热气瓶）
2400		氧舱	
2410			医用氧舱
2420			高气压舱
4000	起重机械	起重机械，是指用于垂直升降或者垂直升降并水平移动重物的机电设备，其范围规定为额定起重量大于或者等于0.5t的升降机；额定起重量大于或者等于3t（或额定起重力矩大于或者等于40t·m的塔式起重机，或生产率大于或者等于300t/h的装卸桥），且提升高度大于或者等于2m的起重机；层数大于或者等于2层的机械式停车设备	
4100		桥式起重机	
4110			通用桥式起重机
4130			防爆桥式起重机
4140			绝缘桥式起重机
4150			冶金桥式起重机
4170			电动单梁起重机
4190			电动葫芦桥式起重机
4200		门式起重机	
4210			通用门式起重机
4220			防爆门式起重机
4230			轨道式集装箱门式起重机
4240			轮胎式集装箱门式起重机
4250			岸边集装箱起重机
4260			造船门式起重机
4270			电动葫芦门式起重机
4280			装卸桥
4290			架桥机
4300		塔式起重机	

续上表

代码	种类	类别	品种
4310			普通塔式起重机
4320			电站塔式起重机
4400		流动式起重机	
4410			轮胎起重机
4420			履带起重机
4440			集装箱正面吊运起重机
4450			铁路起重机
4700		门座式起重机	
4710			门座起重机
4760			固定式起重机
4800		升降机	
4860			施工升降机
4870			简易升降机
4900		缆索式起重机	
4A00		桅杆式起重机	
4D00		机械式停车设备	
5000	场(厂)内专用机动车辆	场(厂)内专用机动车辆,是指除道路交通、农用车辆以外仅在工厂厂区、旅游景区、游乐场所等特定区域使用的专用机动车辆	
5100		机动工业车辆	
5110			叉车
F000	安全附件		
F310			安全阀
F220			爆破片装置
F230			紧急切断阀
F260			气瓶阀门

a)门式起重机　　b)热水锅炉

图 16-1

c)空压机

d)叉车

图 16-1　特种设备

三、特种设备一般管理规定

(1)施工单位应使用符合安全技术规范要求的特种设备。特种设备投入使用前,施工单位应当核对其是否附有安全技术规范要求的设计文件、产品质量合格证明、安装及使用维修说明、监督检验证明等文件。如图 16-2 所示。

DF50/200Ⅲ型架桥机

许可证编号：TS241XXXX-XXXX

设计文件

中铁隧道局集团XXXX有限责任公司

2017/08

a)设计文件

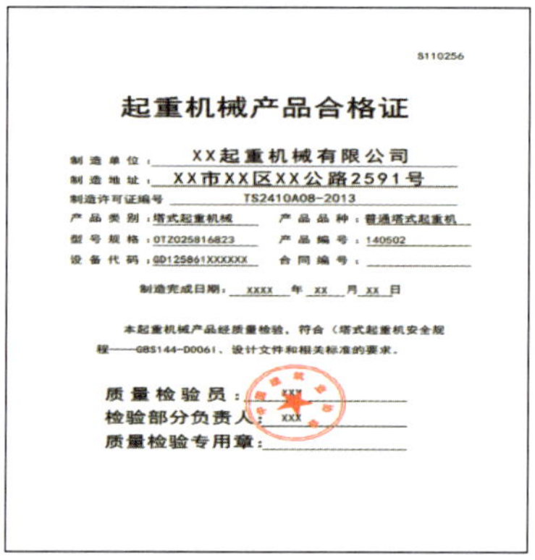

S110256

起重机械产品合格证

制造单位：XX起重机械有限公司

制造地址：XX市XX区XX公路2591号

制造许可证编号　TS2410A08-2013

产品类别：塔式起重机械　产品品种：普通塔式起重机

型号规格：QTZ025816823　产品编号：140502

设备代码：GD125861XXXXXX　合同编号：

制造完成日期：XXXX 年 XX 月 XX 日

本起重机械产品经质量检验，符合《塔式起重机安全规程——GBS144-D0061、设计文件和相关标准的要求。

质量检验员：XXX

检验部分负责人：XXX

质量检验专用章：

b)合格证

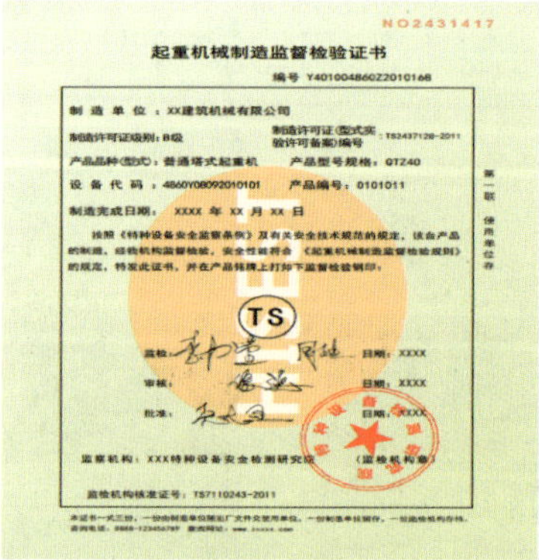

NO2431417

起重机械制造监督检验证书

编号 Y401004860Z2010168

制造单位：XX建筑机械有限公司

制造许可证级别：B级　制造许可证(型式实验许可备案)编号：TS2437128-2011

产品品种(型式)：普通塔式起重机　产品型号规格：QTZ40

设备代码：4860Y08092010101　产品编号：0101011

制造完成日期：XXXX 年 XX 月 XX 日

监检：　日期：XXXX

审核：　日期：XXXX

批准：　日期：XXXX

监察机构：XXX特种设备安全检测研究院　(监检机构章)

监检机构核准证号：TS7110243-2011

第一联　使用单位存

c)监督检验证明

图 16-2　特种设备基础资料

(2)锅炉、压力容器、起重机械的安装、改造、维修以及场(厂)内专用机动车辆的改造、维修,必须由依法取得省、自治区、直辖市特种设备安全监督管理部门许可的单位进行,改造维修许可证如图 16-3 所示。特种设备安装、改造单位要求:

①有与特种设备安装、改造相适应应的专业技术人员和技术工人;

②由于特种设备安装、改造相适应的生产条件和检测手段。

特种设备维修单位要求:

①有与特种设备维修相适应的专业技术人员和技术工人;

②必要的检测手段。

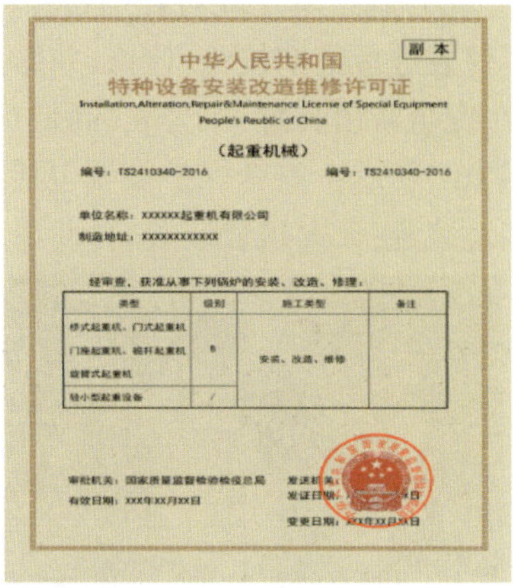

图 16-3 改造维修许可证

(3)特种设备在投入使用前或者投入使用后 30 日内,施工单位应向直辖市或者设区市的特种设备安全监督管理部门登记。登记标志应当置于或者附着于该特种设备的显著位置。如图 16-4 所示。

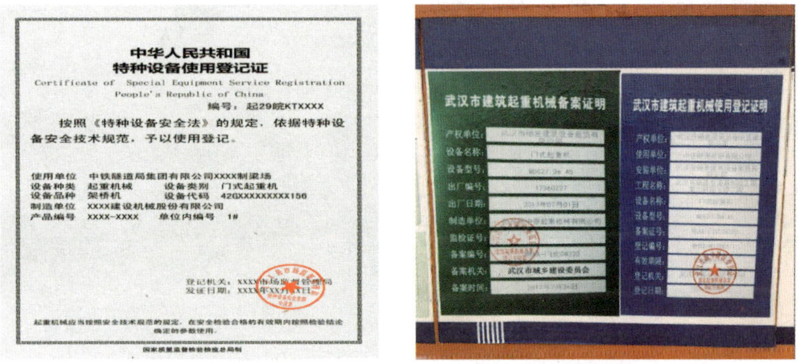

a)使用登记证

b)登记标志

图 16-4 登记附着示意图

(4)施工单位应当建立特种设备安全技术档案。安全技术档案应包括以下内容:

①特种设备的设计文件、制造单位、产品质量合格证明、使用维护说明等文件以及安装技术文件和资料。

②特种设备的定期检验和定期自行检查的记录。

③特种设备的日常使用状况记录;

④特种设备及其安全附件、安全保护装置、测量调控装置及有关附属仪器仪表的日常维护保养记录。

⑤特种设备运行故障和事故记录。

⑥高耗能特种设备的能效测试报告、能耗状况记录以及节能改造技术资料。

(5)应对在用特种设备进行经常性日常维护保养,并每月进行一次自行检查,作出记录。发现问题及时处理。

(6)施工单位应对在用特种设备的安全附件、安全保护装置、测量调控装置及有关附属仪器仪表进行定期校验、检修,并作出记录。特种设备安全附件包括安全阀、爆破片、紧急切断装置、安全联锁装置、压力表、高低(水)位报警器、超压控制器、测温表(计)、超温报警器等,如图16-5所示。安全保护装置包括防雷避电安全装置、防爆电气装置、漏电保护装置、设备接零接地装置、火灾报警装置、自动熄火报警装置等,如图16-6所示。

a)安全阀

b)压力表

c)质量限位

d)紧急切断阀

图16-5　特种设备安全附件示例

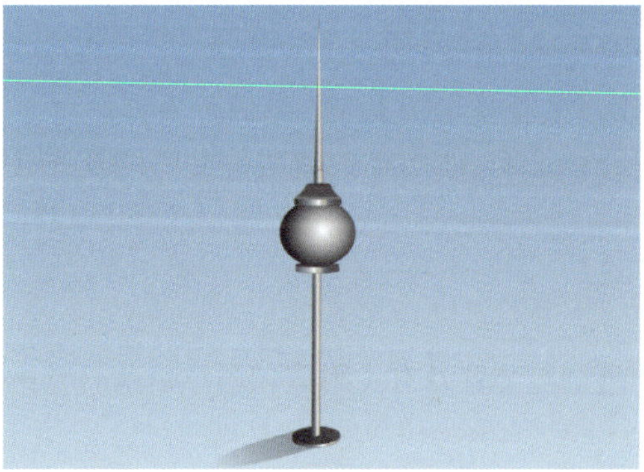

a)避雷针

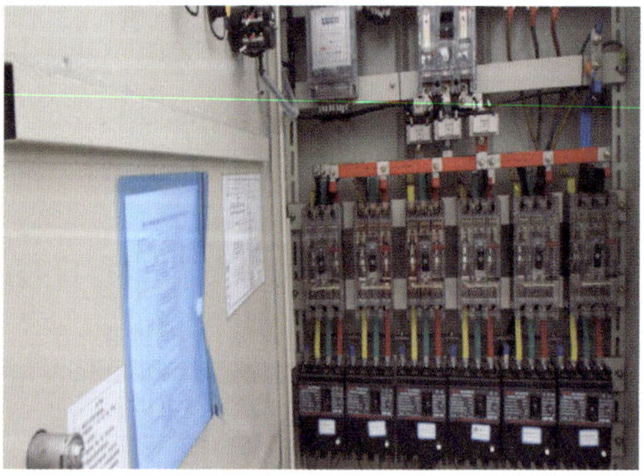

b)漏电保护装置

图16-6　特种设备安全保护装置示例

(7)施工单位应当按照安全技术规范的定期检验要求,在安全检验合格有效期届满前1个月,向特种设备检验检测机构提出定期检验要求。

(8)特种设备出现故障或者发生异常情况,施工单位应当对其进行全面检查,消除事故隐患后,方可重新投入使用。

(9)特种设备存在严重事故隐患,无改造、维修价值,或者超过安全技术规范规定使用年限,施工单位应及时予以报废,并向原登记的特种设备安全监督管理部门办理注销。

(10)锅炉、压力容器、起重机械、场(厂)内专用机动车辆的作业人员及其相关管理人员,应当按照国家有关规定经特种设备安全监督管理部门考核合格,取得国家统一格式的特种作业人员证书,方可从事相应的作业或者管理工作。

四、起重设备管理规定

(1)施工单位和安装单位应在签订的建筑起重机械安装、拆卸合同中明确双方的安全生产责任。实行施工总承包的,总承包单位应与安装单位签订安装、拆卸工程安全协议书。

(2)建筑起重机械安装完毕后,安装单位应当按照安全技术标准及安装使用说明书的有关要求对建筑起重机械进行自检、调试和试运转。自检合格的,应当出具自检合格证明,并向使用单位进行安全使用说明。如图 16-7所示。

(3)建筑起重机械安装完毕后,使用单位应当组织出租、安装、监理等有关单位进行验收,或者委托具有相应资质的检验检测机构进行验收。建筑起重机械经验收合格后方可投入使用,未经验收或者验收不合格的不得使用。实行施工总承包的,由施工总承包单位组织验收。建筑起重机械在验收前应当经有相应资质的检验检测机构监督检验合格。

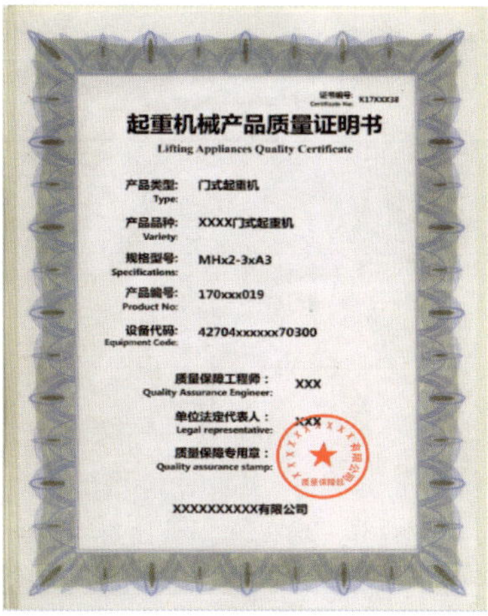
证书编号: K17XXX38
起重机械产品质量证明书
Lifting Appliances Quality Certificate
产品类型: 门式起重机
Type:
产品品种: XXXX门式起重机
Variety:
规格型号: MHx2-3xA3
Specifications:
产品编号: 170xxx019
Product No:
设备代码: 42704xxxxxx70300
Equipment Code:
质量保障工程师: XXX
Quality Assurance Engineer:
单位法定代表人: XXX
Legal representative:
质量保障专用章:
Quality assurance stamp:
XXXXXXXXXX有限公司

图 16-7　产品质量证明

五、锅炉、压力容器(含气瓶)管理规定

(1)施工单位应当建立岗位责任、隐患治理、应急救援等安全管理制度,制订操作规程,保证锅炉、压力容器安全运行。

(2)锅炉、压力容器的使用应当具有规定的安全距离、安全防护措施。与锅炉、压力容器安全相关的建筑物、附属设施,应当符合有关法律、行政法规的规定。燃煤锅炉房属于使用明火的丁类厂房,故防火间距参照丁类厂房防火间距。见表 16-3。

锅炉房防火间距(m)　　表 16-3

名称			民用建筑				
			裙房、单层、多层			高层	
			一、二级	三级	四级	一类	二类
锅炉房	单层	一级	10	12	14	15	13

锅炉房宜在厂区的全年最小频率风向的上风侧,应避免灰尘和有害气体对周围环境的影响;当采取自流回收冷凝水时,宜不知在地势较低,且不窝风的地段;煤燃锅炉房应有储煤与灰

渣场地和方便的运输条件。储煤场和灰渣场,宜布置在锅炉房全年最小频率风的上风侧。

(3)施工单位应当按照《锅炉水(介)质处理监督管理规则》(TSG G5001—2010)中的要求进行锅炉水(介)质处理,并接受特种设备检验检测机构实施的水(介)质处理定期检验。定期检验包括:水汽治理检验、水处理系统运行检验、锅炉内部化学检验、有机热载体检验等。

(4)从事锅炉清洗的单位,应当按照《锅炉化学清洗规则》(TSG G5003—2008)中的要求进行锅炉清洗,并接受特种设备检验检测机构实施的锅炉清洗过程监督检验。

六、场(厂)内专用车辆

(1)施工单位应当遵守《特种设备使用管理规则》的规定,根据施工现场实际情况选用叉车;叉车首次使用前,向产权单位所在地的特种设备检验机构申请首次检验,制订安全操作规程,应包括系安全带、转弯减速、下坡减速、超高限速等内容并对操作人员进行培训和安全技术交底。见表16-4。

叉车检验项目　　表16-4

序号	项目		型式试验	定期检验	
				首次检验	定期检验
1	资料审查	技术文件审查	√	—	—
2		资料核查	—	√	√
3	检查项目	结构型式	√	√	√
4		主要参数测量	√	√(注1)	√(注1)
5		整车外观检查	√	√	√
6		主要受力结构件检查	√	—	—
7		主要零部件	√	—	—
8		铭牌和安全警示标志检查	√	√	√
9		车辆自重测定	√	—	—
10		动力系统检查	√	√	√
11		传动系统检查	√	√	√
12		行驶系统检查	√	√	√
13		转向与操纵系统检查	√	√	√
14		液压系统检查	√	√	√
15		制动系统检查	√	√	√
16		电气和控制系统检查	√	√	√
17		工作装置检查	√	√	√
18		防爆电器、部件检查	√	√	√
19		安全保护与防护装置检查	√	√	√
20		作业环境	—	√	√
21	试验项目	装卸性能试验	√	—	—
22		转向性能试验	√	√	√

续上表

序号	项目		型式试验	定期检验	
				首次检验	定期检验
23	试验项目	运行性能试验	√	—	—
24		动力性能试验	√	—	—
25		制动性能试验	√	√	√
26		稳定性试验	√	—	—
27		电气安全试验	√	—	—
28		噪声试验	√	—	—
29		安全保护与防护装置试验	√	√	√
30		主要受力结构件强度试验	√	—	—
31		强化试验	√	—	—

注:1. 定期(首次)检验的主要参数测量至少包括额定起质量。
2. 表中"√"为应检验项目,"—"为非检验项目。

(2)施工单位应当根据叉车具体型式,按照有关安全技术规范及相关标准、使用维护保养的要求,选择日常维护保养、自行检查、全面检查的项目。

①日常维护保养。包括主要受力结构件、安全保护装置、工作机构、操纵机构、电气(液压、气动)控制系统等的清洁、润滑、检查、调整、更换易损件和失效的零部件。

②自行检查。包括整车工作性能、动力系统、转向系统、起升系统、液压系统、制动功能、安全保护和防护装置、防止货叉脱出的限位装置(如定位锁)、载荷搬运装置、车轮紧固件、充气轮胎的气压、警示装置、灯光、仪表显示等,以及本规程附件B、附件C中定期(首次)检验的项目。

③全面检查。除包括前项要求的自行检查的内容外,还应当包括主要受力结构件的变形、裂纹、腐蚀,以及其焊缝、铆钉、螺栓等的连接,主要零部件的变形、裂纹、磨损,指示装置的可靠性和精度,电气和控制系统功能的检查,必要时还需要进行相关的载荷试验。

安全管理

第十七章 PART 17

特殊环境施工

第一节　特殊作业环境分类

公路工程施工中常见的特殊环境作业种类，主要有雨季（含汛期）施工、台风季节施工、高温季节施工、冬季施工、夜间施工和水上施工。

针对特殊环境施工，应编制专项施工方案和应急救援预案，并报监理审批后方可实施。

第二节　雨季（含汛期）施工

在雨季施工时，应采取必要的防雨、防潮及防汛措施，保证雨季施工安全。

一、雨季施工安全管理

（1）雨季来临前，施工单位应检查现场防雷装置、接地装置、用电设备、排水设施，围堰、堤坝等应采取加固和防坍塌措施，易冲刷部位应采取防冲刷或疏导措施。

（2）雨季来临前，应清除基坑、孔口、沟边过剩弃土，减轻坡顶压力；做好傍山施工现场、便道上边坡的危石处理及塌方、滑坡威胁地段的预防措施。如图17-1、图17-2所示。

图17-1　便道边坡危石防护

图17-2　滑坡地段防护

（3）雨季施工期间，应及时排除现场积水；在河道、河滩上进行施工时，应及时疏通河道，确保行洪面；位于洪水可能淹没地带的设施、设备、材料应及时移到安全地带。如图17-3、图17-4所示。

（4）大风大雨后，应及时检查临时设施是否受损，起重设备基础是否下沉，塔吊垂直度是否变化，龙门吊轨道是否倾斜、变形，支架、脚手架是否牢固，围堰、基坑、边坡是否稳定等情况，发现问题立即处理。

（5）大雨过后，应及时清除截水沟、排水沟中的沉积物，保持排水顺畅。如图17-5所示。

图 17-3　雨季施工现场排水

图 17-4　河道疏通

a)　　b)

图 17-5　清除水沟沉积物

二、雨季施工安全设施

(1)施工单位应提前备足雨季施工所需的防汛应急物资和器材;作业人员应配备雨衣、雨鞋等防护用品,操作带电设备的人员应配备绝缘鞋、绝缘手套。如图 17-6、图 17-7 所示。

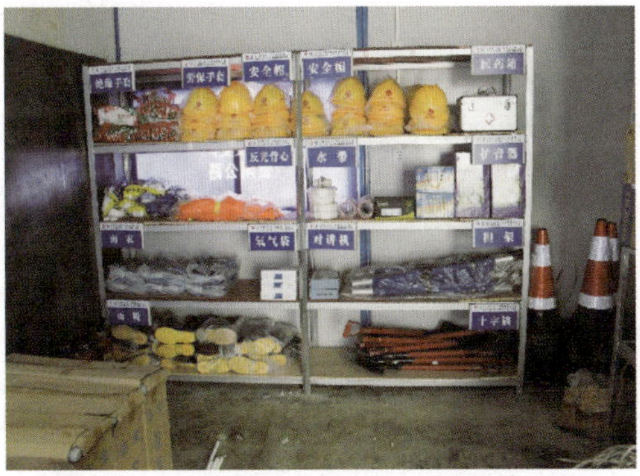

图 17-6　应急物资

图 17-7　应急器材

(2)雨季来临前,应在现场的大型临时设备周边设置排水沟,严防雨水冲入设备内。露天作业机具应设置防雨棚,现场配电箱宜采用防雨布进行遮盖。

(3)雨季来临前,施工单位应根据施工总平面图,结合现场地形情况设置排水沟;若施工现场邻近高地,应在高地的边沿设置截水沟,防止洪水冲入现场;同时要备足抗洪用的抽水设备。并组织定期检查,保证排水畅通。如图17-8、图17-9所示。

图17-8 截水沟设置

图17-9 应急抽水设备

(4)现场脚手板、斜道板、作业平台应设置防滑措施。

第三节 台风季节施工

台风是指形成于热带洋面上的热带气旋,其中心附近最大风力为6级以上(10.8m/s以上),台风一般多发于夏秋季节,最多发的月份是9月和10月。

一、台风季节安全管理

(1)台风来临前各单位应组织专项安全检查,施工单位应对施工现场的临时用房、围墙、脚手架、塔吊、龙门吊、架桥机、施工电梯、基坑支护及模板工程等防风安全措施进行检查、加固,落实船舶避风锚地、拖轮转移地点,必要时人员、重要资料须撤离。防风措施如图17-10所示,台风季节检查要点见表17-1。

a) b)

图17-10 防风措施

台风季节检查要点

表 17-1

临时用房防台风检查要点	(1)全面检查临建设施的安全状况,如有裂缝、倾斜、变形现象,及时加固; (2)检查缆风绳等锚接是否牢固,四周排水必须顺畅; (3)检查各类用电设施、配电线路是否做到三级配电、两级保护,各类配电设施的防雨设施防护是否完好
围墙防台风检查要点	(1)检查围墙基础是否稳固; (2)检查围墙的安全状况,如有裂缝、倾斜、变形现象,及时加固
脚手架防台风检查要点	(1)重点检查立杆基础、排水措施、拉结点设置以及悬挑梁锚固、钢丝绳拉结等情况,并采取防风防雨加固措施,确保稳固、牢靠; (2)对脚手架上堆放的建筑材料、垃圾等进行清理,外脚手架上不必要的附着物应予拆除; (3)对临近街道、房屋、高压线处重点监控,危险时应对脚手架危及范围内设置警示隔离带,并设专人监护
塔吊防台风检查要点	(1)检查塔吊的基础节、标准节、附墙预埋件螺栓是否齐全及无松动; (2)检查各部位的销轴、开口销是否固定牢固可靠; (3)拆除塔机上的广告牌、广告布条等,同时将顶升套架降至地面,以减小塔身的受风面积; (4)清除塔机上不必要的工具、油桶及杂物; (5)露天的电控箱、电机等电器设备应采用彩条布或帆布包裹;确保现场所有塔机身上的电缆线全部固定捆绑牢靠
龙门吊防台风检查要点	(1)龙门吊台车采用防滑铁靴扣死,在轨道车轮前后增加垫板,防止龙门吊机体移动; (2)吊钩要收到顶并设置缆风绳防止吊钩被风力吹晃动不止,机体拉设缆风绳
架桥机防台风检查要点	(1)使用链子、钢缆等将整机紧紧拴牢在地面上,以防强风刮翻; (2)拆除塔机上的广告牌、广告布条等,以减小塔身的受风面积
施工电梯防台风检查要点	(1)检查塔吊基础是否积水、架体是否变形,垂直度是否符合要求、各限位保险是否灵敏可靠; (2)检查附墙金属架体锈蚀情况、预埋螺栓牢固情况等;当台风达到 6 级以上,应停止作业将吊笼放到地面
基坑支护防台风要点	(1)检查基坑内外排水是否通畅,抽排水设备是否准备齐全; (2)检查支护、临边防护等是否连接牢固; (3)重点监控基坑内外及支护结构等的变形情况
模板工程防台风检查要点	(1)重点检查拉接、对拉螺杆以及支架体系等是否牢固; (2)未浇筑混凝土部分的骨架和模板超过 8m 时,应设置缆风绳加固; (3)松散的模板应清点整理并转移或者锚固

(2)台风季节施工时,应定期对现场中大型设备的防雷接地、生活区临时用电进行检查;现场电缆、电线应检查、加固;台风暴雨期间不使用的电器设备应切断电源。

(3)现场所有松散的材料都要绑扎并锚固或者转移到安全区域;堆放在安装好的梁上的

材料应当绑在预留钢筋上，地面成堆叠放的构件应摆放整齐、稳固。

（4）施工单位应定期检查现场排水设施，保证现场排水畅通，防止因台风暴雨造成洪涝灾害。

（5）台风期间，建设单位、监理单位及施工单位应落实主要负责人值班制度，发现险情及时上报，必要时启动相应应急预案。

（6）台风暴雨过后，施工单位应组织对现场特种施工设备、重要设施等进行复查，确认安全后，才能恢复使用、继续施工。

二、台风季节施工安全设施

（1）接到台风黄色及以上预警时，临时驻地、临时设施、机械设备应加固或增设缆风绳。如图 17-11 所示。

a)　　b)

图 17-11　临建与设备加固

（2）墩柱的钢筋骨架绑扎安装后，未浇筑混凝土部分的骨架和模板超过 8m 时，应设置缆风绳加固。

第四节　高温季节施工

高温作业是指有高气温（35℃以上的天气），或有强烈的热辐射（WBGT 指数≥25℃），或伴有高气湿（相对湿度≥80% RH）相结合的异常作业条件。见表 17-2。

高温作业分级　　表 17-2

接触高温作业时间(min)	WBGT 指数(℃)									
	25 ~ 26	27 ~ 28	29 ~ 30	31 ~ 32	33 ~ 34	25 ~ 36	37 ~ 38	39 ~ 40	41 ~ 42	≥43
≤120	Ⅰ	Ⅰ	Ⅰ	Ⅰ	Ⅱ	Ⅱ	Ⅱ	Ⅲ	Ⅲ	Ⅲ
≥121	Ⅰ	Ⅰ	Ⅱ	Ⅱ	Ⅲ	Ⅲ	Ⅳ	Ⅳ	—	—
≥241	Ⅱ	Ⅱ	Ⅲ	Ⅲ	Ⅳ	Ⅳ	—	—	—	—
≥361	Ⅲ	Ⅲ	Ⅳ	Ⅳ	—	—	—	—	—	—

一、高温季节施工安全管理

(1)高温季节施工前,施工单位应合理调整作息时间,尽量避开中午高温时间作业,高温季节施工安全措施如下:

①日最高气温达到40℃时,当日应停止工作。

②日最高气温达到38℃时,当日工作时间不得超过4h。

③日最高气温达到35℃时,应根据生产工作情况,采取换班轮休等方法,缩短员工连续作业时间;不得安排加班加点;12:00~15:00应停止露天作业;因行业特点不能停止作业的,12:00~15:00员工露天连续作业时间不得超过2h。

(2)高温作业时,若出现头晕、恶心、胸闷、心悸、乏力等中暑先兆时,应立即到阴凉处休息,并服用防暑降温药品、清凉饮料等。

(3)职工宿舍应保持通风干燥,定期清扫、消毒,保持室内整洁、卫生;同时,应加强员工的饮食管理,避免出现食物中毒事件。

(4)各类生活垃圾应每天按时清运出场,确保员工有良好的生活及休息环境。

(5)工作场所温度达到33℃或在日最高气温达35℃以上的露天环境下工作,用人单位应当向劳动者支付高温津贴。高温津贴发放标准应按照(安监总安健〔2012〕89号)《防暑降温措施管理办法》及施工项目当地下发的文件执行。

二、高温季节施工安全设施

(1)施工单位应及时给员工发放清凉油、人丹、风油精、藿香正气水等防暑降温药品。如图17-12所示。

a) b)

图17-12 发放防暑药品

(2)在露天作业中的固定场所,应搭设遮阳棚,设置应急药箱,并供应茶水、清凉含盐饮料、绿豆汤等。如图17-13所示。

(3)集中员工宿舍宜统一装配空调降温;食堂应配置冷藏设施,保证食物不变质。如图17-14所示。

(4)厨房应配有纱门、纱窗,同时要积极落实工地灭蚊蝇、灭鼠、灭蟑螂等措施。

a) b)

图 17-13 休息厅与绿豆汤

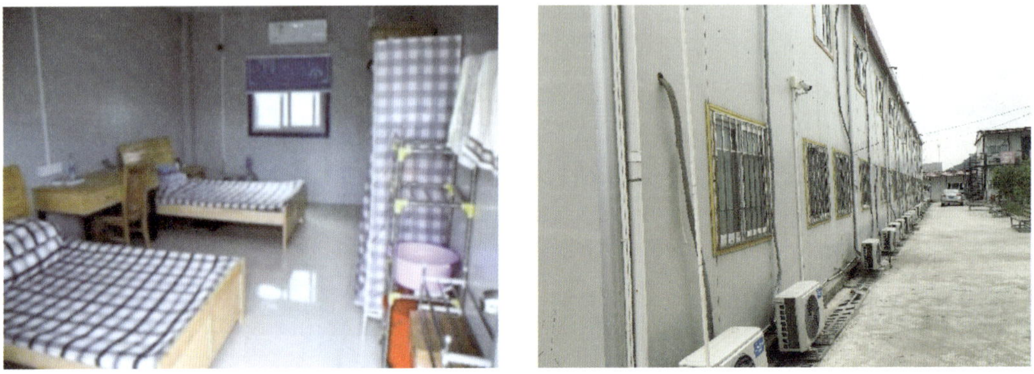

a) b)

图 17-14 宿舍装配空调

第五节 冬季施工

当室外日平均气温连续 5 日稳定低于 5℃时，应采取冬期施工措施；当室外日平均气温连续 5 日稳定高于 5℃时，可解除冬期施工措施。

一、冬季施工安全管理

(1)办公、生活区不得使用大功率电器取暖或烧水，淋浴房应通风，防止一氧化碳中毒。

(2)冬季施工时，施工单位应定期检查消防设备设施，及时更换不符合要求的消防器材；明火作业地点应由专人看管，易燃物与火源保持不小于 10m 的安全距离。如图 17-15 所示。

(3)施工车辆行驶在坡道或冰雪路面时行车速度不得超过 30km/h，与前车安全距离不得小于 50m 安全距离，防止发生追尾事故。

(4)雨雪冰冻后，作业人员应及时清除作业平台、脚手板上的冰雪；电工应对现场所有用电设备、供电线路进行全面检查，发现问题立即处理。

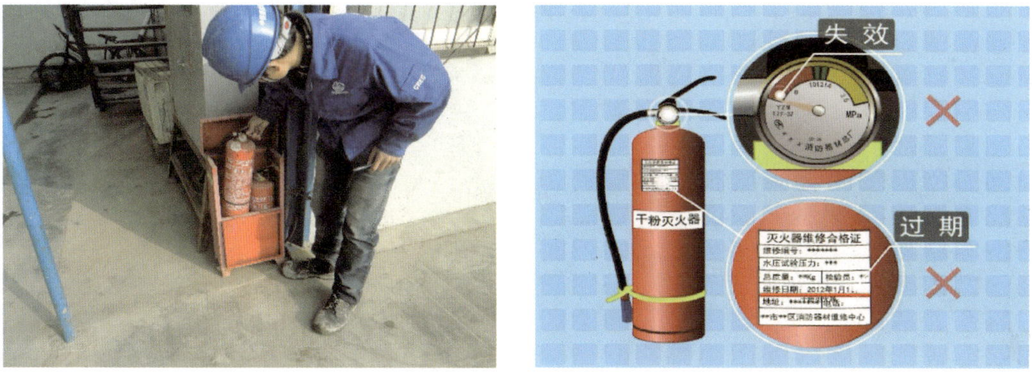

a) b)

图 17-15 灭火器检查

(5)严禁明火烘烤或开水加热冻结的储气罐、氧气瓶、乙炔瓶、阀门、胶管等。

二、冬季施工作业设施

(1)冬季施工前,施工作业平台、人员上下通道、脚手板表面等应设置防滑条、防滑垫等防滑设施,易滑倒区域须设置"当心滑倒"等安全警示标志。

(2)冬季施工的机械车辆在冰雪路面行车时宜加装防滑链等防滑设施。

第六节 夜 间 施 工

夜间施工是指晚上 22:00 至凌晨 6:00 期间的施工。

一、夜间施工安全管理

(1)施工单位需要进行夜间施工时,应提前申请夜间施工报备,未经批准,不得进行夜间施工。

(2)人员密集区域需夜间施工时还应得到地方行政主管部门(如城建委、城管、环保局等)的批准,并提前在出入口、施工区域周边张贴安民告示。

(3)夜间施工时,施工单位应加大巡查力度,严格落实主要负责人带班制度;施工易撞部位、交叉路口、临边洞口等区域应加强防护与监管,严禁无关人员及车辆进入施工现场。如图 17-16所示。

(4)施工单位应加强对反光标志标牌、反光设施的管理与维护,损坏的应及时更换。

(5)雷雨、大风等极端恶劣天气严禁夜间施工,同一区域应避免夜间交叉作业。

二、夜间施工作业安全设施

(1)夜间施工现场须设置符合施工需求的照明设备,光束不得直接照射工程船舶、机械操作和指挥人员;作业区域四周或出入口应设置警戒带及反光警示标志。

a）　　b）

图 17-16　反光标识与警示灯

（2）施工现场的易撞部位、交叉路口应设置夜间警示灯，临边、预留孔洞等部位应设置防护栏杆及反光警示标志，夜间使用的安全爬梯、通道等部位应增设照明设备，照度满足施工要求。如图 17-17 所示。

a）　　b）

图 17-17　夜间警示

（3）夜间施工的所有机械设备、机具及各防护装置均应粘贴反光条或反光标志；作业人员须穿戴反光衣、配备手电筒。如图 17-18 所示。

a）　　b）

图 17-18　夜间作业人员与机械反光标志

(4)夜间作业的船只应按规定办理完备的手续,并配置齐全的夜航、停泊标志灯及照明灯具。

第七节 水上(或临水)施工

一、水上施工安全管理

(1)施工前,与当地航道部门联系,商定有关航运和施工的安全事项,发布通航公告。

(2)施工现场应设立明显的航标,确定施工范围;上游和下游必须按规定距离设置通航警示标志。

(3)作业现场配备安全值班船,制订事故应急救援预案或救护措施,并派人值班。

(4)现场作业人员在作业时必须系安全带、穿救生衣,并在作业前进行检查,确认其安全有效。

(5)作业人员不得穿高跟鞋、带钉易滑硬底鞋。

二、水上施工作业安全设施

(1)栈桥、作业平台等应设置防护栏杆,栏杆一般采用直径48mm的管材,栏杆下边设置高度不低于18cm的挡脚板并挂设安全网,栏杆设置完成后应对其承载力和结构稳定性进行验算,栏杆内侧每隔50m距离安放救生圈、救生衣等水上安全防护物品。

(2)施工使用的各种船只,按航运部门规定设置航运标志,并备有救生、消防以及靠绑设备。如图17-19、图17-20所示。

图17-19 航标

图17-20 靠绑设备

(3)能见度不良时水上作业场地应按规定启用声响警示设备和红光信号灯。

(4)施工作业区域应设立垃圾收集箱,以收集施工废弃物和生活垃圾。

第十八章

PART 18

有限空间作业

第一节　有限空间作业简介

一、定义

有限空间是指封闭或者部分封闭，与外界相对隔离，出入口较为狭窄，作业人员不能长时间在内工作，自然通风不良，易造成有毒有害、易燃易爆物质积聚或者氧含量不足的空间。有限空间的目录由原国家安全生产监督管理总局确定、调整并公布。

二、分类

有限空间分为封闭及半封闭设备、地下有限空间、地上有限空间三类。

(1)封闭及半封闭设备。船舱、储罐、反应塔、冷藏车、沉箱及锅炉、压力容器、浮筒、管道、槽车等。如图 18-1 所示。

a)船舱　b)储罐　c)锅炉　d)冷藏车

图 18-1　封闭及半封闭设备示例

(2)地下有限空间。地下管道、地下室、地下仓库、地下工事、暗沟、隧道、涵洞、地坑、矿井、废井、地窖、沼气池及化粪池、下水道、沟、井、池、建筑孔桩、地下电缆沟等。如图 18-2 所示。

a)隧道

b)涵洞

c)废井

d)人工挖孔桩

图 18-2　地下有限空间示例

（3）地上有限空间。储藏室、酒糟池、发酵池、垃圾站、温室、冷库、粮仓、封闭车间、试验场所、烟道等。如图 18-3 所示。

a)垃圾站

b)酒糟池

图　18-3

c)面粉仓

d)冷库

图 18-3　地上有限空间示例

三、特点

有限空间作业存在照明、通信不畅、作业条件受限和应急救援困难等特点。如图 18-4 所示。

a)照明通信不畅

b)作业条件受限

c)应急救援困难

d)通风不畅

图 18-4　有限空间作业特点

四、公路工程常见有限空间作业

有限空间作业主要有人工挖孔桩、竖井，盾构开仓，雨、污水管(井)，涵洞及顶管施工，罐内清理维修，箱梁内部作业等。如图 18-5 所示。

a)人工挖孔桩

b)盾构开仓

c)竖井

d)污水井

e)顶管施工

f)灌内清理维修

图 18-5 常见有限空间作业示例

第二节　有限空间作业的危险因素

公路工程有限空间作业危险因素主要有有害气体中毒、缺氧窒息、可燃气体及粉尘爆燃、其他危害等。

(1)中毒危害。有限空间容易积聚高浓度有害物质,有害物质可以是原来就存在于有限空间的也可以是作业过程中逐渐积聚的。有毒有害气体对人体的呼吸、神经、血液等系统及肝脏、肺、肾脏等脏器造成严重损伤;短时间接触高浓度刺激性有毒物质会引起眼、上呼吸道刺激、中毒性肺炎或肺水肿以及心脏、肾脏等脏器病变;接触化学性、窒息性有毒物质会造成细胞缺氧窒息。

(2)缺氧危害。空气中氧浓度过低会引起缺氧,缺氧会引起人体不适,严重情况下会导致死亡。见表18-1。

不同浓度氧气对人体的影响　　表18-1

浓度(V/V)	症　状
19.5%~23.5%	正常氧气浓度
15%~19%	工作能力降低,感到费力
12%~14%	呼吸急促,脉搏加快,协调能力和感知判断力降低
10%~12%	呼吸减弱,嘴唇变青
8%~10%	神志不清,昏厥,面色土灰,恶心和呕吐;在其中≥8min:100%死亡
6%~8%	6min,50%可能死亡;4~5min:可能恢复
4%~6%	40s后昏迷,抽搐,呼吸停止,死亡

(3)可燃气体及粉尘爆燃危害。空气中存在易燃、易爆物质,浓度过高遇火会引起爆炸或燃烧。易燃易爆气体/蒸汽主要有甲烷、天然气、氢气、挥发性有机化合物及蒸汽等;可燃性粉尘主要有炭粒、粮食粉末、纤维、塑料屑以及研磨的很细的其他可燃性粉尘。

(4)其他危害。高处坠落、淹溺、物体打击、触电等。

第三节　有限空间作业安全管理

(1)用人单位应建立健全有限空间作业安全责任制度,有限空间作业安全管理制度,有限空间作业安全操作规程,有限空间作业审批制度,有限空间作业应急管理制度及现场应急处置方案,确定有限空间作业负责人、监护人员、检测人员、作业人员,制订安全教育培训制度等。

(2)用人单位应对有限空间作业进行辨识,确定有限空间的数量、位置以及危险有害因素等基本情况,建立有限空间管理台账,并及时更新。有限空间作业有害因素辨识如图18-6所示。

(3)作业前应对作业环境进行评估,分析存在的危险有害因素,提出消除、控制危害的措施,制订安全专项方案,并经负责人审核、批准。

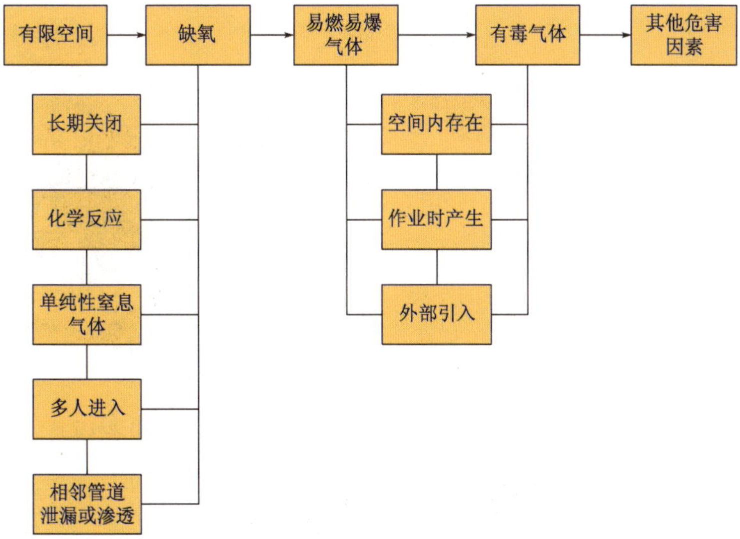

图 18-6　有限空间作业有害因素辨识

(4)用人单位应当对有限空间作业的负责人和从业人员进行安全生产教育培训,培训内容应包括:有限空间作业的危险有害因素和安全防范措施,有限空间作业的安全操作规程,检测仪器、劳动防护用品的正确使用,紧急情况下的应急处置措施等。经考核合格及体检合格后方可从事有限空间作业。

(5)在经期、孕期、哺乳期的女性;患有深度近视、癫痫、高血压、过敏性气管炎、哮喘、心脏病、精神分裂症等疾病者,有外伤疤口尚未愈合者,不能进行有限空间作业。

(6)实施有限空间作业前,应将有限空间作业方案和作业现场可能存在的危险有害因素、防控措施对作业人员进行交底。

(7)用人单位应根据有限空间存在危险有害因素的种类和危害程度,为作业人员提供符合国家标准或者行业标准规定的劳动防护用品,并教育监督作业人员正确佩戴与使用。

(8)作业现场应配备足够的应急救援设施及器材,如安全绳、安全带、三脚架、呼吸器、通风设备等。如图 18-7 所示。

(9)定期组织应急演练,提高应急处置能力。

a) 安全绳　　b) 安全带

图　18-7

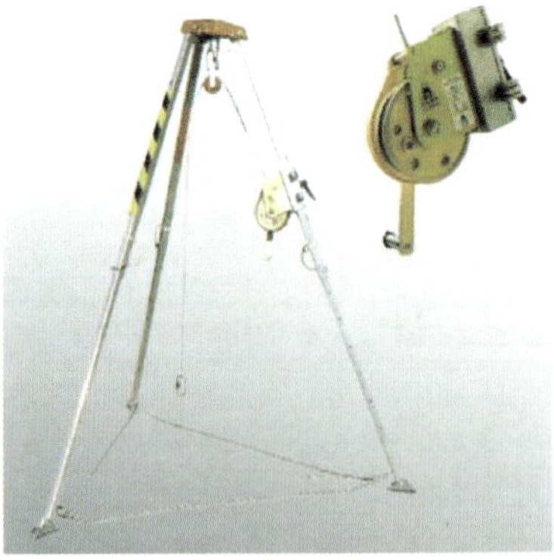

c)三脚架

d)通风设备

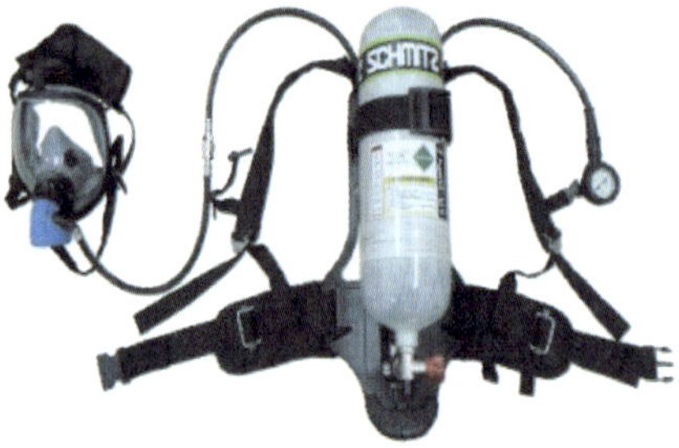

e)呼吸器

图 18-7　有限空间应急救援设施及器材

第四节　有限空间作业相关人员职责

一、作业负责人职责

(1)履行有限空间作业安全审批制度。

(2)负责检查和确认作业环境、作业程序、防护及应急设施符合要求后,方可组织作业人员进行作业。

(3)及时掌握作业过程中可能发生的安全风险,如遇突发情况立即终止作业,组织人员撤离。

二、作业人员职责

(1)严格按照"安全审批表"上签署的任务、地点、时间作业。见表 18-2。

(2)作业前应检查作业场所安全措施是否符合要求。

(3)按规定佩戴劳动防护用品,规范使用工具。

(4)熟悉并掌握应急救援预案、现场处置方案及报警联络方式。

进入有限空间危险作业安全审批表 表18-2

<table>
<tr><td>编号</td><td colspan="3"></td><td>作业单位</td><td colspan="4"></td></tr>
<tr><td>所属单位</td><td colspan="3"></td><td>设施名称</td><td colspan="4"></td></tr>
<tr><td>主要危险因素</td><td colspan="8"></td></tr>
<tr><td>作业内容</td><td colspan="6"></td><td>填报人</td><td></td></tr>
<tr><td>作业人</td><td colspan="6"></td><td>监护人</td><td></td></tr>
<tr><td rowspan="3">采样分析数据</td><td rowspan="2">检测项目</td><td rowspan="2">氧含量</td><td colspan="4">有毒有害气体或粉尘浓度</td><td rowspan="2">检测人</td><td rowspan="2"></td></tr>
<tr><td></td><td></td><td></td><td></td></tr>
<tr><td>检测结果</td><td></td><td></td><td></td><td></td><td></td><td>检测时间</td><td></td></tr>
<tr><td>作业开工时间</td><td colspan="8"></td></tr>
</table>

<table>
<tr><td rowspan="2">序号</td><td rowspan="2">主要安全措施</td><td colspan="3">确认安全措施符合要求(签名)</td></tr>
<tr><td>作业监护人</td><td>作业场所负责人</td><td>作业单位安全员</td></tr>
<tr><td>1</td><td>作业人员作业安全教育</td><td></td><td></td><td></td></tr>
<tr><td>2</td><td>连续测定的仪器和人员</td><td></td><td></td><td></td></tr>
<tr><td>3</td><td>测定用仪器准确可靠性</td><td></td><td></td><td></td></tr>
<tr><td>4</td><td>呼吸器、梯子、绳缆等抢救器具</td><td></td><td></td><td></td></tr>
<tr><td>5</td><td>通风排气情况</td><td></td><td></td><td></td></tr>
<tr><td>6</td><td>氧气浓度、有害气体检测结果</td><td></td><td></td><td></td></tr>
<tr><td>7</td><td>照明设施</td><td></td><td></td><td></td></tr>
<tr><td>8</td><td>个人防护用品及防毒面具</td><td></td><td></td><td></td></tr>
<tr><td>9</td><td>通风设备</td><td></td><td></td><td></td></tr>
<tr><td>10</td><td>其他补充措施：</td><td></td><td></td><td></td></tr>
<tr><td colspan="2">作业场所负责人意见：

签名： 时间：</td><td colspan="3">安全部分负责人意见：

签名： 时间：</td></tr>
</table>

三、监护人员职责

(1)必须有较强的责任心，熟悉作业区域的环境、工艺流程，能及时判断和处理异常情况。

(2)应对安全措施落实情况进行检查，发现安全措施不到位时，有权终止作业。

(3)应和作业人员拟定联络信号。在出入口处保持与作业人员的联系，发现异常，及时通知人员撤离，并立即采取应急处置措施。

(4)熟悉应急预案及现场处置方案，熟练掌握应急救护设备、设施、报警装置等的使用方法。

四、检测人员职责

(1)按规定对有限空间作业场所进行有害气体及粉尘浓度检测。

(2)进入有限空间进行检测前,应佩戴隔离式呼吸器等安全防护用品。

(3)做好检测仪器标定、检校及日常维护保养。

第五节 有限空间作业安全要求

(1)有限空间作业前严格履行申报手续,填写“进入有限空间危险作业安全审批表”,由单位安全负责人审批后,方可进行作业。

(2)应对作业场所的氧气浓度、易燃易爆物质(可燃性气体、爆炸性粉尘)浓度、有毒有害气体浓度进行检测。检测时间不得早于作业开始前30min。可燃气体浓度应低于可燃烧极限或爆炸极限下限的10%。对邮轮船舶的拆修,以及油罐、管道的检修,空气中可燃气体浓度应低于可燃烧极限下限或爆炸极限下限的1%。见表18-3。

气体浓度限值参照表　　表18-3

气　体	浓度/限值	气　体	浓度/限值
氧气	浓度:19.5%~23.5%	甲烷	爆炸下限:5%
硫化氢	作业场所最高允许浓度:10mg/m^3	一氧化碳	爆炸下限:12.5%,作业场所最高允许浓度:20mg/m^3

(3)配备可靠的通讯联络工具,在出入口设置警示,保持出入口畅通,严禁无关人员进入。

(4)作业过程中,加强通风换气,严禁用纯氧进行换气。在氧气浓度、有害气体、可燃性气体、粉尘的浓度可能发生变化的危险作业中应采用机械通风,通风换气次数不能少于3~5次/h。

(5)发现通风设备出现故障,有限空间内氧含量浓度低于或者有毒有害气体浓度高于国家标准或者行业标准规定的限值时,必须立即停止有限空间作业,清点作业人员,撤离作业现场。见表18-4。

工业场所空气中部分化学物质容许浓度　　表18-4

序号	中 文 名	职业接触限值(mg/m^3)		
		最高容许浓度	时间加权平均容许浓度	短时间接触容许浓度
1	氨	—	20	30
2	苯	—	6	10
3	二氧化氮	—	5	10
4	二氧化硫	—	5	10
5	二氧化碳	—	9000	18000
6	甲苯	—	50	100
7	甲醇	—	25	50

续上表

序号	中文名	职业接触限值（mg/m³）		
		最高容许浓度	时间加权平均容许浓度	短时间接触容许浓度
8	甲醛	0.5	—	—
9	硫化氢	10	—	—
10	氯	1	—	—
11	氰化氢（按CN计）	1	—	—
12	氰化物（按CN计）	1	—	—
13	溴	—	0.6	2
14	溴化氢	10	—	—
15	液化石油气	—	1000	1500
16	一氧化氮	—	15	
17	一氧化碳		20	30
18	乙醚	—	300	500
19	乙醛	45	—	—

注：1. 职业接触限值（OELs）：指劳动者在职业活动过程中长期反复接触，对绝大多数接触者的健康不引起有害作用的容许接触水平。

2. 时间加权平均容许浓度（PC-TWA）：以时间为权数规定的8h工作日、40h工作周的平均容许接触浓度。

3. 短时间接触容许浓度（PC-STEL）：在遵守PC-TWA前提下容许短时间（15min）接触的浓度。

4. 最高容许浓度（MAC）：工作地点、在一个工作日内、任何时间有毒化学物质均不应超过的浓度。

（6）受作业环境限制不易充分通风换气的场所，作业人员必须配备空气呼吸器或软管面具等隔离式呼吸保护器具。

（7）作业中断超过30min，人员再次进入有限空间作业前，应当重新通风、检测合格后方可进入。

（8）有限空间作业场所的照明灯具应使用安全电压；根据《特低电压限值》（GB/T 3805）规定，照明应使用安全矿灯或12V以下的安全灯，使用超过安全电压的手持电动工具，必须按规定配备漏电保护器。特别危险环境中使用的手持电动工具应采用42V特低电压，有电击危险环境中使用的手持照片和局部照明灯应采用36V或24V特低电压，金属容器内、特别潮湿处等特别危险环境中使用的手持照明灯采用12V特低电压，水下作业等场所应使用6V特低电压。

（9）存在可燃性气体、粉尘的，应采用防爆型电气设备及照明灯具，电压及防爆安全要求应当符合国家标准或者行业标准的规定。如：①存在可燃性气体的作业场所，所有的电气设备设施及照明应符合《爆炸性环境第1部分：设备通用要求》（GB 3836.1—2010）中的有关规定。实现整体电气防爆和防静电措施。②存在可燃气体的有限空间场所内，不允许使用明火照明和非防爆设计。③固定照明灯具安装高度距离地面2.4m及以下时，宜使用安全电压。

（10）当作业人员在特殊场所（如密闭设备等）内部作业时，如果供作业人员出入的门或盖不能轻易打开且无通信、报警装置时，严禁关闭门或盖。

（11）高温有限空间作业，进入时应佩戴耐高温防护装备，采取必要的通风、隔热等防护措施。

（12）作业前及作业完毕后应准确清点人数。

第六节　有限空间应急救援

(1)有限空间作业中发生事故后,现场有关人员应当立即上报,禁止盲目施救。应急救援人员施救前,应了解事故现场具体情况,做好自身防护,佩戴必要的个人防护器具及救援器材。事故现场具体情况了解内容应包括:①对事故情况进行初步评估,分析事故的范围和扩展的潜在可能性;②使用检测仪器对有限空间有毒有害气体的浓度和氧含量进行检测;③根据测定结果采取强制性持续通风等措施降低危险,保持空气流通。

(2)由二氧化碳超标或缺氧造成的窒息事故,应尽快将伤者脱离危险环境,移至有新鲜空气的安全通风处。见表18-5。

二氧化碳浓度对人体的影响　　表18-5

浓度(ppm)	影　响
350 ~ 450	同一般室外环境
350 ~ 1000	空气清新,呼吸顺畅
1000 ~ 2000	感觉空气浑浊,并开始觉得昏昏欲睡
2000 ~ 5000	感觉头痛、嗜睡、呆滞,注意力无法集中,心跳加速,轻度恶心
大于5000	可能导致严重缺氧,造成永久性脑损伤,昏迷,甚至死亡

(3)由一氧化碳或硫化氢造成的中毒事故,伤者伤势不重的,应将伤者转移至空气新鲜处,除去衣物并保持呼吸道畅通。如呼吸心跳停止,应立即用心肺复苏法进行抢救,并迅速送往医院。在送往医院的途中,不应停止抢救。需要特别注意的是:硫化氢中毒,不到万不得已不得采用口对口呼吸,如需采用,应与伤者隔离数层水湿纱布。见表18-6。

一氧化碳中毒与硫化氢中毒　　表18-6

一氧化碳中毒		
浓度(ppm)	症状	停留时间
50	最高容许浓度	8h
200	轻度头痛、不适	3h
600	头痛、不适	1h
1000 ~ 2000	轻度心悸	0.5h
	站立不稳、蹒跚	1.5h
	混乱、恶习、头痛	2h
2000 ~ 5000	昏迷、失去知觉	0.5h
硫化氢中毒		
浓度(mg/m^3)	症状	停留时间
0.012 ~ 0.03	硫化氢的嗅觉阈	—
10	最高容许浓度	8h
70 ~ 150	呼吸道及眼刺激症状	1 ~ 2h

续上表

硫化氢中毒		
浓度（mg/m^3）	症状	停留时间
200～300	眼急性刺激症状、肺水肿	1h
500～760	肺水肿、支气管炎及肺炎、头痛、头昏、步态不稳、恶心呕吐甚至死亡	15～60min
≥1000	意识丧失或死亡	几分钟甚至瞬间死亡（电击样死亡）

（4）心肺复苏术步骤：胸外按压→开放气道→人工呼吸。进行胸外按压与人工呼吸的比率为30∶2（儿童可以选择15∶2），进行30次胸外按压，2次人工呼吸为一个周期，5个循环（约2min）后可检查和评估心肺复苏效果。如无反应，反复进行胸外按压与人工呼吸操作，直至急救车和医务人员到达现场。

安 全 管 理

第十九章 PART 19

事故应急救援组织与常用救援装备

公路工程施工属于高危行业，受自然环境条件复杂、施工措施不当以及违章作业等多方面因素的影响，极易发生安全事故。安全事故发生后，及时有序、科学有效地实施救援，是最大限度减少人员伤亡和财产损失的关键。

第一节　应急救援工作原则

一、以人为本、安全第一、居安思危、预防为主

保障工程人员和其他群众的生命财产安全，以最大限度地减少人员伤亡为首要任务。坚持预防与应急相结合，以预防为主，积极实施施工安全风险评估，加强应急培训和演练，做好应对事故的各项准备工作。

二、条块结合、属地为主、政府领导、各司其职

在交通运输部统一领导和组织指导下，各省（自治区、直辖市）交通运输主管部门负责本辖区内的公路工程生产安全事故应急管理工作。现场救援工作在各级人民政府的统一领导下，由各级交通运输主管部门具体负责，充分发挥行业的技术优势和协调作用，依法指挥事故救援，组织、参与调查处理和对外新闻发布工作。公路工程项目建设、施工、监理等参建单位应服从现场指挥，配合事故救援、调查处理工作。

三、整合资源、协同配合、科学应对、快速高效

加强公路工程应急救援技术的研究开发，建立应急咨询专家库，提高应急决策水平和指挥协调能力。加强与当地有关部门和专业应急救援队伍密切协作，建立应急处置的联动协调机制。加强建设、施工、监理等参建单位兼职应急救援队伍建设，提高自救、互救和应对各类生产安全事故的能力，形成快速高效的应急反应机制。

第二节　事 故 分 级

公路工程生产安全事故，是指在列入国家或地方基本建设计划的公路基础设施新建、改建、扩建、拆除和加固活动中发生的生产安全事故。事故按照人员伤亡、涉险人数、经济损失等因素，一般分为4级：特别重大（Ⅰ级）事故、重大（Ⅱ级）事故、较大（Ⅲ级）事故和一般（Ⅳ级）事故。

第三节　应急组织机构与项目参建各方应急管理职责

一、应急组织机构

公路工程安全事故应急组织体系由国家部门级（交通运输部）、地方部门级（省、市、县交通运输部门）、项目级（工程项目参建单位）三级应急组织机构构成。

国家部门级应急组织机构由应急领导小组及办公室、应急工作组、技术专家组等构成。日常状态下的应急管理工作由应急工作领导小组办公室具体负责。应急状态下，视情况可设立现场督导组，前往事故现场依法组织、参与事故应急处置工作。如图 19-1 所示。

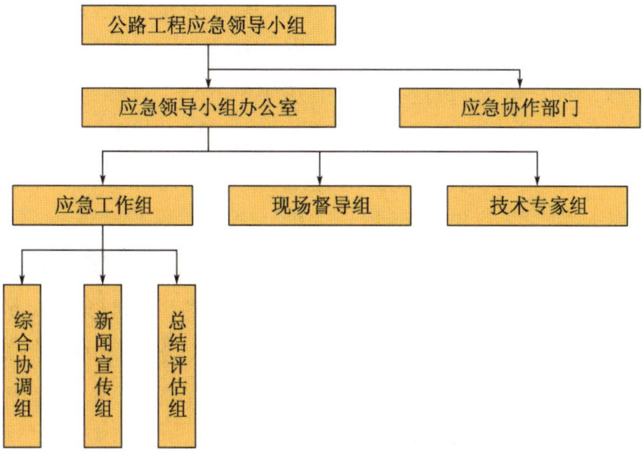

图 19-1　国家部门级应急组织机构图

地方部门级应急组织机构按照"分类管理、分级负责、属地管理"的原则，由省、市、县交通运输部门组成本级交通应急组织机构，组织安全事故现场抢险救援和事故调查处理等工作。

项目应急组织机构由项目建设单位牵头，施工、监理等单位参加，配合本地应急组织机构共同开展现场救援、事故调查、总结评估以及恢复重建 4 个方面的工作。

二、项目参建各方应急管理职责

1. 项目建设单位职责

项目建设单位应建立本项目应急组织机构，制订本项目生产安全事故总体应急预案，并组织本项目应急演练。

组织开展事故应急知识培训和应急宣传工作；负责联络气象、水利、地质等相关部门，协助项目施工单位提供预测预警信息。

对施工、监理单位的应急工作进行督促检查。

发生生产安全事故后，及时组织、协调、落实各参建单位用于应急抢险救援的物资、设备和人员，听从交通运输主管部门指挥，配合安监、公安、消防、卫生等部门开展现场救援，控制事故的蔓延和扩大，并保护事故现场；按规定向有关交通、安监等部门报送事故情况，配合事故调查、分析和处理等工作，开展应急总结及组织恢复重建工作。

2. 项目监理单位职责

项目监理单位根据项目总体应急预案，建立本单位的应急组织机构，参与项目的应急演练，对现场监理人员开展应急知识培训，配备必要的安全防护用品。

应审查各施工单位的合同段应急预案（包括现场处置方案）；监督专项安全施工方案的实施；开展日常施工现场安全检查，对危险性较大的工程应进行重点巡查，对发现的安全事故隐患及时责令改正；发现事故时，及时向有关部门报告事故情况，配合事故调查、分析和处理工作；审核项目安全生产专项费用使用情况，检查施工单位应急救援物资、设备的到位以及应急知识培训情况。

3. 项目施工单位职责

项目施工单位应结合项目总体应急预案，制订有针对性和衔接性的本合同段应急预案（包括现场处置方案），建立本合同段应急组织机构，组建兼职应急救援队伍；配备必要的应急救援物资及装备；每年至少组织本合同段员工开展一次及以上应急演练和应急知识培训。

发生生产安全事故后，按规定向有关部门报送事故情况，立即组织开展自救并保护事故现场；需紧急救援时，应及时向当地交通、公安、消防、卫生等相关部门报告请求；配合事故调查、分析和处理工作，组织开展应急总结及恢复重建工作。

危险性较大工程的桥梁、隧道和大型水上结构工程，以及存在潜在危险的作业区（易发生山体崩塌、滑坡、泥石流，存在有害气体突出的施工环境），项目施工单位应按规定开展施工安全风险评估、编制专项施工方案，制订相应的专项应急预案，并向操作人员进行专项方案的宣贯和交底工作。施工单位对准备进入上述作业区的操作人员进行风险告知。

当项目发生生产安全事故后，相邻合同段施工单位应在建设单位的统一指挥下，积极参与现场互救，并采取措施加强本合同段安全防范。

第四节　应急响应

一、事故信息报送

生产安全事故发生后，事发地施工单位应立即向建设单位、项目交通运输主管部门和当地安全监督管理部门报告，并上报至地方人民政府及有关部门，必要时可以越级上报。事发地省级交通运输主管部门应按照《交通运输行业建设工程生产安全事故统计报表制度》要求，向部质监总站报告。同时，对于造成或可能造成 10 人（含）以上死亡或失踪，或 5000 万元以上直接经济损失的事故应按照《交通运输突发事件信息报告和处理办法》有关规定，报交通运输部应急值守机构即中国海上搜救中心总值班室，由其处理后报部领导和相关司局。

有关涉水险情发生后，事发地施工单位立即向当地水（海）上搜救机构、海事部门报告。当发生重大（Ⅱ级）以上水（海）上险情时，向当地水（海）上搜救中心、海事部门报告的同时向中国海上搜救中心报告。事故报送流程如图 19-2 所示。

二、分级响应

公路工程安全事故应急响应级别，按事故等级分为Ⅰ、Ⅱ、Ⅲ、Ⅳ级。见表 19-1。

公路工程安全生产事故应急响应等级划分　　表 19-1

响应级别	事故等级	负责单位
Ⅰ级	特别重大事故	交通运输部
Ⅱ级	重大事故	省交通运输厅
Ⅲ级	较大事故	市交通运输局
Ⅳ级	一般事故	县交通运输局

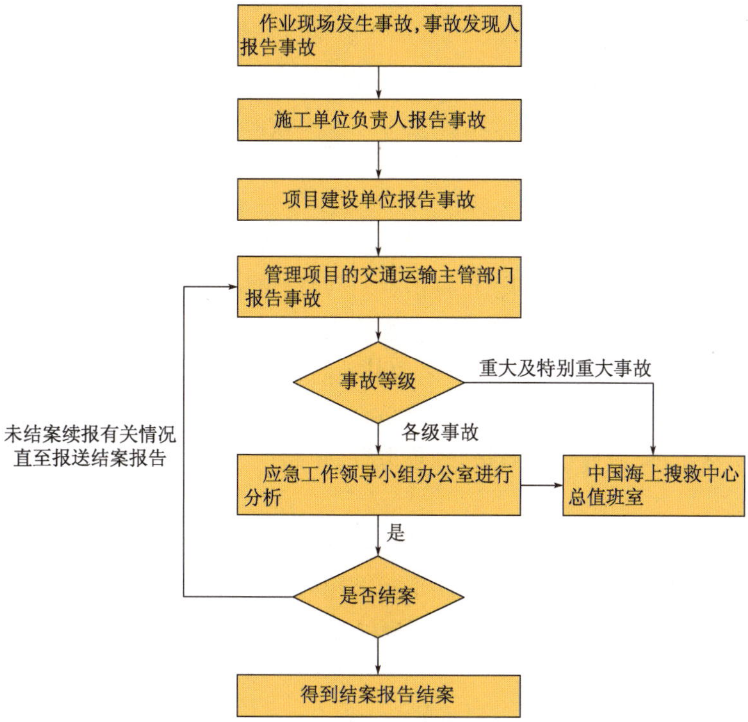

图 19-2　公路水运工程安全生产事故信息报送流程图

交通运输部负责Ⅰ级应急响应的启动和实施，省级交通运输厅及事发项目参建单位予以配合。

地方交通运输主管部门分级负责Ⅱ、Ⅲ、Ⅳ级应急响应。

各级交通运输主管部门应急管理机构在启动和实施本级应急响应的同时，应将应急响应情况报送上级主管部门。

三、应急响应程序

Ⅰ级应急响应按下列程序和内容启动，具体响应及处置流程如图 19-3 所示。

(1)应急领导小组办公室对事故信息进行分析，满足Ⅰ级应急响应的，或者接到国务院责成处理的公路水运工程生产安全事故，应立即向应急领导小组报告，提出启动Ⅰ级应急响应的建议。

(2)应急领导小组在 2h 内决定是否启动Ⅰ级应急响应，如同意启动，签发启动指令并宣布启动Ⅰ级应急响应，由新闻宣传小组向社会公布Ⅰ级应急响应文件。

(3)Ⅰ级应急响应启动后，应急领导小组通知事发地省级应急领导机构。并根据事故情况派出现场督导组，赴现场指导应急救援工作；各应急工作小组自动成立。

(4)Ⅰ级应急响应启动后，各应急工作小组立即启动 24h 值班制，由事发地省级应急工作机构直接向应急领导小组办公室及时续报事故信息，并按照“零报告”制度，形成每日情况简报，情况紧急时应随时上报。

Ⅱ、Ⅲ、Ⅳ级应急响应程序由地方交通运输主管部门参照Ⅰ级应急响应程序，结合本地区实际自行确定。

第五节 应急处置

事故发生后，事发地项目施工单位应按规定上报事故，并立即启动本合同段应急预案。在公安、消防、卫生等专业抢险力量到达现场前，项目建设单位应立即启动本项目总体应急预案，立即组织有关应急救援队伍和工作人员营救遇险人员，疏散、撤离、安置受到威胁的人员，控制危险源，标明危险区域，封锁危险场所，并采取其他防止危害扩大的必要措施，妥善保管有关物证，并按照规定及时报告。当上级政府、部门负责现场指挥救援工作时，项目建设、施工、监理等单位应积极听从指挥，做好抢险救援、现场取证、道路引领、后勤保障、秩序维护等协助处置工作。

发生Ⅰ级事故后，交通运输部派出督导组现场指导，协助地方人民政府做好抢险救援工作，提供技术支持，必要时向应急领导小组请求调用海事、武警交通及专业应急救援队伍，防止事态扩大或发生次生、衍生的安全事故。如图 19-3 所示。

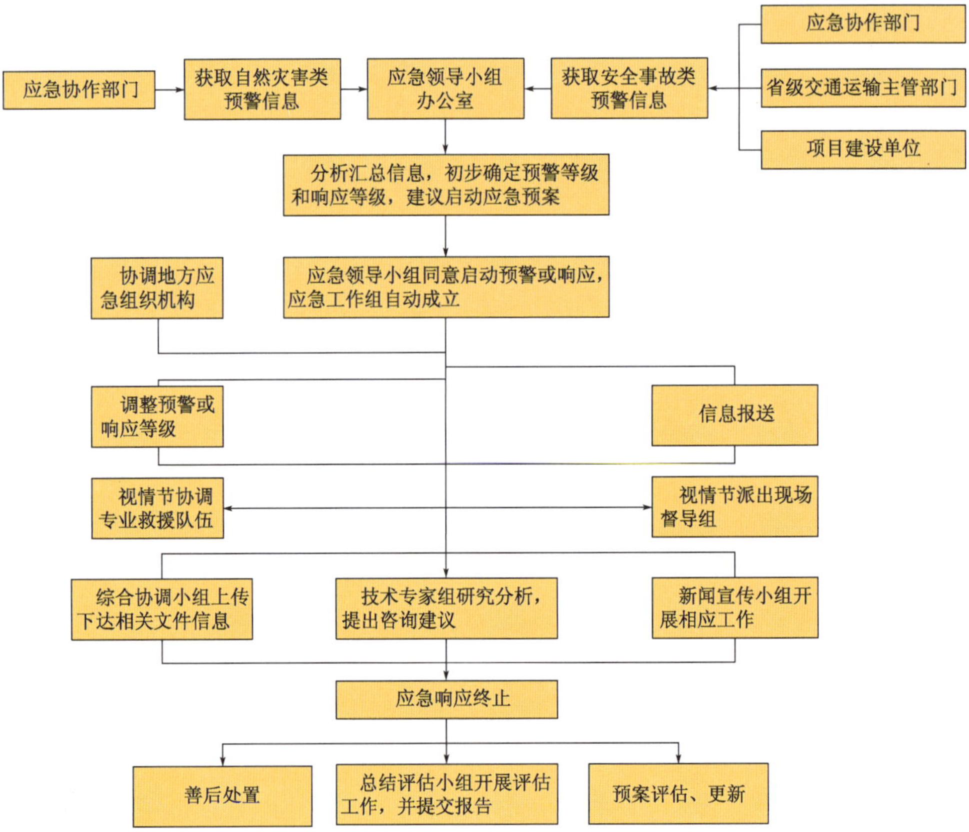

图 19-3 Ⅰ级应急响应及处置程序

发生Ⅱ、Ⅲ、Ⅳ级事故后，省、市、县级交通运输主管部门立即启动本级应急预案，派出工作组迅速赶赴现场，指挥抢险救援工作，选派专家对事故中遇到的问题给予技术支援，组织参与事故调查工作。

第六节 抢险救援

抢险救援现场组织指挥机构一般成立技术保障组、设备物资组、现场救援组、警戒疏导组、医疗救护组、后勤保障组、通信联络组、事故善后组等8个专业小组，开展方案制订、抢险救援、监测评估、设备物资保障、警戒保卫、医疗救护、后勤保障、新闻发布、事故善后等工作。

抢险救援工作按照程序进行，如图19-4所示。

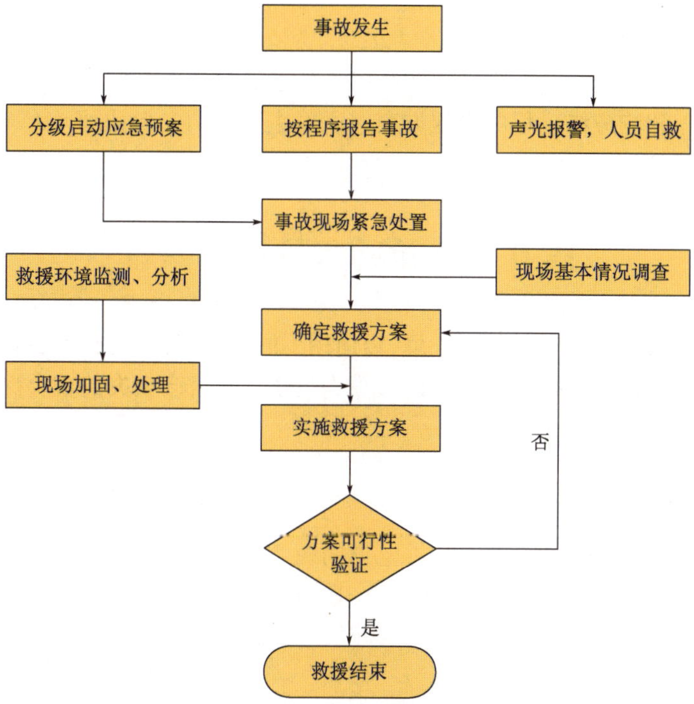

图19-4 抢险救援流程图

第七节 新闻发布

公路工程生产安全事故的信息和新闻发布，由地方人民政府实行集中、统一管理，确保信息正确、及时传递，并根据国家有关法律法规、规定向社会公布。交通运输主管部门相关职责参照交通运输部《交通运输行业突发公共事件新闻宣传应急预案》规定执行。

第八节　应急响应终止

一、应急响应终止条件

符合下列条件之一的，即满足应急终止条件：

(1)险情排除。

(2)现场救援(人员搜救、处置等)结束。

(3)被困人员已得到妥善安置。

二、应急响应终止程序

Ⅰ级应急响应满足终止条件时，由应急领导小组办公室向应急领导小组提出Ⅰ级应急响应终止建议；应急领导小组决定是否终止Ⅰ级应急响应状态，如确定终止响应，签署终止指令，并宣布解散有关应急工作小组。应急领导小组办公室通知有关单位。

Ⅱ、Ⅲ、Ⅳ级应急响应终止程序由地方交通运输主管部门参照Ⅰ级应急响应终止程序，结合本地区实际，自行确定。

第九节　抢险救援常用装备

抢险救援要面对各种复杂的救援环境，需使用不同功能、类型的救援装备。救援装备的科学配置，是避免事故升级恶化，最大程度的减少人员伤亡及财产损失的重要保障。

一、动力设备

1. 工程抢险应急电源车

在抢险救援中为钻机、空压机等提供电力的应急电源装置。最大发电功率为500kW，厢体为整体刚性体焊接全封闭结构，具有强度高、质量轻、焊接量小、密封性好等优点。如图19-5所示。

2. 移动式螺杆空压机

具有可靠、耐用、高效率和低噪声等特点，在37kW、7.5bar的工作压力下排气量达到6.2m^3/min，在抢险救援中，能够高效地为钻机等风动设备提供可靠的动力。如图19-6所示。

二、钻孔设备

1. RPD-180CBR型多功能钻机

采用双动力，即施工及行走分别采用电动机及柴油动力，钻孔口径为65～170mm，钻孔深度最大为150m，在隧道内出现坍塌险情时，可快速完成地质探测、地质改良和支护作业。当出现隧道内空间被塌方体阻隔时，可采用双管钻进，打通阻隔空间，与被困人员取得联系，为被困人员输送空气、水及食物等。如图19-7所示。

图 19-5　应急电源车

图 19-6　移动式螺杆空压机

2. FS-120CZ 型大口径救援钻机

钻孔直径 620mm，最大掘进深度为 70m。成孔后口径形成逃生通道，完成救援任务，大大提高了救援效率，降低了救援安全风险，适用于隧道关门坍塌等阻隔空间的抢险救援。如图 19-8 所示。

图 19-7　多功能钻机

图 19-8　大口径救援钻机

三、破拆及工具类设备

1. 组合液压破拆工具

由动力站、液压镐、液压圆盘锯、液压链锯组成。主要是用来破拆救援过程中遇到的混凝土、孤石、钢筋等障碍物。如图 19-9 所示。

2. LKE55 型电动多功能剪切钳

主要用于抢险中，剪切钢筋，扩张变形物体。剪切力为 250kN，扩张力为 170kN，扩张距离为 316mm。如图 19-10 所示。

3. 多功能应急救援工具车

救援工具舱含液压强拆工具组、排水设备、排烟机、发电机等设施。为救援队提供专业液压救援设备保障、电力保障及夜间照明保障。如图 19-11 所示。

图 19-9　组合液压破拆工具

图 19-10　多功能剪切钳

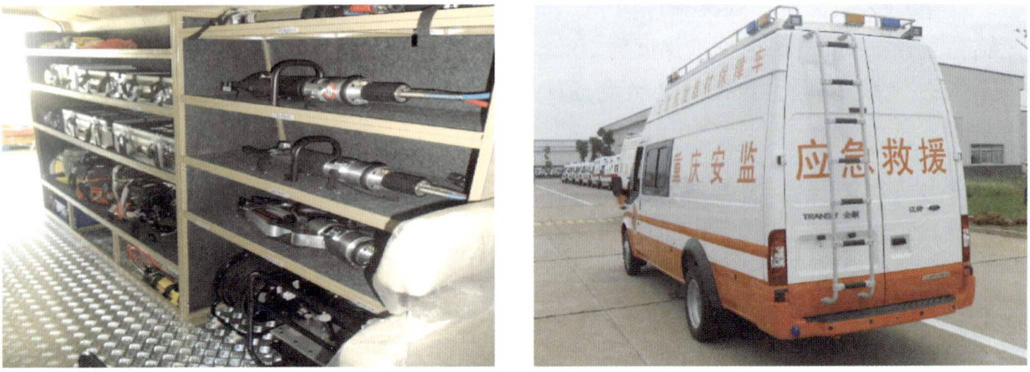

a)　　　　b)

图 19-11　多功能应急救援工具车

四、搜索与侦测设备

1. 雷达生命探测仪

它借助于电磁波可以穿透一定厚度的遮挡介质，探测到人类存活者的生命信息，通过检测人体生命活动所引起的各种微动（如呼吸、心跳）等信息，达到寻找存活者的目的。如图 19-12 所示。

2. 蛇眼生命探测仪

它是一种手持式远距离视频检测系统，特别适用于人员难以到达、眼睛无法直接观察的地方进行快速的定性检查，广泛应用于矿山、地震、坍塌等救援中，使操作人员在狭小空间也能看到眼睛无法直接观察的地方。如图 19-13 所示。

3. 搜救犬

它是一种广泛应用于自然灾害及各种事故现场搜索与救援失踪人员的犬类，它对气味的辨别能力比人高出百万倍，听力是人的 18 倍，视野广阔，有在光线微弱条件下视物的能力。如图 19-14 所示。